爱情的样子

最是信仰动人心

黄黎 安跃华 郭英乔 著

- 有声讲述
- 影像纪录
- 电影欣赏
- 好书推荐

广西人民出版社

图书在版编目（CIP）数据

爱情的样子：最是信仰动人心 / 黄黎，安跃华，郭英乔著. -- 南宁：广西人民出版社，2024.9. -- ISBN 978-7-219-11771-2

Ⅰ. K827=6

中国国家版本馆 CIP 数据核字第 2024A7R450 号

AIQING DE YANGZI: ZUI SHI XINYANG DONG RENXIN

爱情的样子：最是信仰动人心

黄 黎　安跃华　郭英乔　著

策　　划	赵彦红
执行策划	李亚伟
特约编辑	林春燕
责任编辑	徐蓉晖
责任校对	黄　熠
装帧设计	王程媛

出版发行	广西人民出版社
社　　址	广西南宁市桂春路6号
邮　　编	530021
印　　刷	广西昭泰子隆彩印有限责任公司
开　　本	787mm×1092mm　1/16
印　　张	13.5
字　　数	228千字
版　　次	2024年9月　第1版
印　　次	2024年9月　第1次印刷
书　　号	ISBN 978-7-219-11771-2
定　　价	72.00元

版权所有　翻印必究

目录

001 / 前言

003 / 陈觉 和 赵云霄
不惜身死事革命

011 / 郭亮 和 李灿英
善抚吾儿继余志

019 / 黄诚 和 刘文隐
可怜白首难再期

027 / 李白 和 裘慧英
电波英雄铸忠魂

037 / 刘英
和
丁魁梅
英雄唯独爱寒梅

045 / 罗亦农
和
李哲时
假戏真做生死恋

053 / 瞿秋白
和
杨之华
秋之白华鹣鲽情

063 / 田波扬
和
陈昌甫
与君携手共赴死

071 / 王步文
和
方启坤
生死家书生死情

079 / 王器民
和
高慧根
五嘱妻子继遗志

085 / 王孝和 和 忻玉瑛
永诀妻女笑赴死

093 / 王一飞 和 陆缀雯
不为时代落伍者

101 / 宣侠父 和 金婉琳
铮铮侠骨亦柔情

111 / 方志敏 和 缪敏
弋阳依旧万株枫

121 / 张朝燮 和 王经燕
丹心碧血伉俪情

129 / 李大钊 和 赵纫兰
血许苍生泪许卿

137 / 陈毅安 和 李志强
家书无字岂无情

145 / 刘伯坚 和 王叔振
万里芳信无由传

155 / 马海德 和 周苏菲
最是理想动人心

163 / 左权 和 刘志兰
留得清漳吐血花

171 / 王若飞 和 李培之
谁与关山度若飞

179 / 李少石 和 廖梦醒
一朝分袂两相思

191 / 邓中夏 和 李瑛
冲破乌云满天红

201 / 赵世炎 和 夏之栩
千树桃花凝赤血

209 / 后记

前言

革命者不仅有崇高的信仰，也有高尚的爱情。

为弘扬革命传统，传承红色基因，加强红色文化教育，树立正确的人生观、价值观、恋爱观，本书讲述了二十多对革命夫妻的经历，向读者描绘当年爱情的模样，品读那一段段尘封已久的爱情故事，追寻那一幕幕感人至深的血色浪漫，感受那一代年轻革命者的热烈心跳，触摸他们如金子般的初心。

他们为国家和民族的解放事业献出了自己的一切，为纯真爱情和美好生活投入了全部热情。更可贵的是，他们将一己之爱升华为对人民的爱、对整个中华民族的爱，怀抱为天下人谋幸福而牺牲个人幸福的崇高理想，开辟出一片新天地。无论形势如何变化，时光如何磨砺，这种舍小家为国家、胸怀大爱的家国情怀，早已凝聚成岿然不动的民族精神和中华儿女的坚定追求，成为实现中华民族伟大复兴的重要动力。

无情未必真豪杰，革命者也有丰富的情感世界。他们因觉悟而革命，因革命而相爱，因相爱而勇敢，因勇敢而从容。在走向刑场的壮烈时刻，在硝烟弥漫的战斗间隙，年轻的革命者将自己的信仰和对爱人的思念，落于纸上。共和国第九号烈士陈毅安在戎马倥偬岁月中，用率真、温馨表达牵挂，诉说思念，而最后一封家书却只是两张不见片言只语的白纸。他曾与妻子约定："如果我哪天不在人世了，我就会托人给你寄一封不写任何字的信去，你见了这封信，就不要再等我了。"一封无字书，一腔家国情，记载着信念之坚，激荡着英雄之气，书写了一位共产党员"随时准备为党和人民牺牲一切"的铮铮誓言。

和陈毅安一样，无数革命英烈，为了人民幸福和民族复兴，无惧牺牲、以身许党。在那个血雨腥风的年代，永不消逝的不仅是电波，还有爱情。在最后一次探视时，李白烈士平静地对妻子裘慧英说："现在全国快要解放，革命即将成功，我们无论生死，总是觉得非常愉快和欣慰的。"孩子伸出一双小手喊道："爸爸，抱抱我。"李白说："乖孩子，爸爸以后会来抱你的。"没想到这次探望竟然成为一家人的诀别。

"我身已许国，再难许卿"，这是战争年代大多数革命伉俪的结局。纵情深似海、不舍万般，也只能默念着爱人的名字，向着死亡，勇敢而去。爱人、妻子、丈夫、同志，他们都有一个共同的名字——中国共产党人。穿越百年，这些爱情依然炽热滚烫，让我们感受到热血难凉的澎湃力量。这既是先烈们对"小家"的缱绻留恋，更是对"家国"的无私大爱，激励着一代又一代的共产党人投身时代洪流，为革命事业前赴后继、鞠躬尽瘁、死而后已，书写横亘百年的荡气篇章。

陈觉
和
赵云霄

不惜身死事革命

有人说:"爱不只是彼此凝视,更是一起注视同一个方向。"对于革命伴侣来说,这个方向就是他们心中共同的信仰。

| 陈觉 　　　　　赵云霄

苏俄定情

陈觉，原名陈炳祥，1903年出生于湖南省醴陵县（今醴陵市）一个富庶之家。生在动乱的年代，他的命运注定和中国的命运紧紧地联系在一起。1920年陈觉进入醴陵南二区西塘寺高等小学学习，受到新文化运动的影响，少年时他的思想就非常活跃。1922年，陈觉以优异的成绩考入醴陵县立中学，在《向导》《新青年》等进步刊物的感召下，他改名陈觉，号秉强，表明自己是一个觉醒了的新青年，立志于实现中华民族的富强。他领导同学开展查禁日货等反帝爱国运动，又与同学组织社会问题研究社，编印《前进》周刊，成为当时醴陵学生运动的领导人。1924年，陈觉加入中国社会主义青年团，并被选为醴陵县学生联合会负责人。1925年，陈觉

1928年10月和1929年3月，陈觉、赵云霄夫妇，先后在长沙英勇就义。他们因理想而相爱，因主义而结合，更为信仰谱写出一曲不惜身死事革命的英雄壮歌。

加入中国共产党。这年秋,为了培养党内优秀分子,党组织将一批优秀青年送往莫斯科中山大学学习,陈觉就是其中的一员。

赵云霄,原名赵凤培,1906年生于河北省阜平县。很小的时候,她就在父亲的指点下识字读书。因为看多了历史英雄故事,赵云霄的骨子里多了一份倔强与勇气。11岁时,她进入阜平南关小学,正式接受新思想教育。1923年,聪慧的赵云霄从磁县高等小学毕业,次年9月考入直隶第二女子师范学校。在校期间,赵云霄很快走上了革命道路,积极参加了驱赶反动校长的学潮。1924年,她申请加入中国社会主义青年团。1925年,不断追求进步的赵云霄加入了中国共产党。入党后的赵云霄更有干劲了,她在家乡开展宣传活动,鼓励妇女剪发、放足、争取婚恋自由,大胆地同封建思想做斗争。这年秋,党组织也选派赵云霄赴苏联留学,她成为陈觉的同学。于是,两个人的人生轨迹就在这里交会了。

作为第一批进入莫斯科中山大学学习的先进中国青年,陈觉、赵云霄十分珍惜这次来之不易的机会。他俩在同学中年龄相对较小,又没有外语基础,学习不免有些吃力。两人就在生活和学习中,相互关心,相互帮助,共同进步。赵云霄比陈觉年龄稍长,经常给陈觉洗衣服,陈觉则帮助赵云霄复习功课。有一次陈觉生病,高烧几天不退,赵云霄一直在医院"殷勤看护,日夜不离",待他病愈出院后,又帮他补习功课。一对志同道合的好青年,在长期的接触中,逐渐产生了对彼此的爱慕之情。

在美丽的波罗的海边,他们结为伉俪,郑重宣誓:"以革命事业为共同的奋斗目标",为共同的革命理想奉献全部。后来在就义前的绝笔信中,陈觉回忆了两人留学时的甜蜜岁月:"互相切磋,互相勉励,课余时间闲谈琐事,共话桑麻,假期中或滑冰或避暑,或旅行或游历,形影相随。"

这段话,至今读来仍然觉得那么美好和温暖。

并肩战斗

1927年,随着国内形势的急剧变化,留苏的党员纷纷被派遣回国支援革命。9月,陈觉和赵云霄等同志也取道东北回到上海,与地下党组织取得联系后，他们被分配到湖南工作。陈觉偕同赵云霄回到家乡醴陵后，立即与县委一道领导开展革命斗争，组织游击队，建立小型兵工厂，打造武器武装农民。1928年春，中共湘东特委和醴陵县委组织了著名的醴陵年关暴动，陈觉以省委特派员身份指导斗争。虽然暴动未能取得胜利，但也震动全省。在这些斗争中，陈觉、赵云霄夫妇始终都是领导者，他们总是携手冲在最前方。那时，陈觉和赵云霄居住在阳三石铁路工人宿舍，这里离醴陵县城很近，白色恐怖相当严重。他们在敌人的眼皮底下，白天在家研究工作、草拟文件，晚上外出活动、发动群众。陈觉与县委书记林蔚负责指导南区的土地革命，他们跋山涉水，深入乡村，先后建立起以泗汾为中心的涵盖35个乡的苏维埃政权。陈觉在绝笔信中谈到这段斗争经历时，真诚地感谢妻子对自己的支持："你路过家门而不入，与我一路南下，共同工作。你在事业上、学业上所给我的帮助，是比任何教师、任何同志都要大的……"

1928年4月，湖南军阀派兵"进剿"醴陵革命武装，当地各级党组织均遭到严重破坏，陈觉、赵云霄夫妇被迫离开醴陵，调回长沙，到省委机关工作。之后，陈觉出任中共湖南省委特派员，被派往常德组织湘西特委。赵云霄因怀有身孕，又是北方口音，不宜下乡，便留在长沙看守机关，负责各地的联络。这是小两口回国后第一次分开，不承想，等他们再相见时，已经是在敌人的监狱里了。

血泪遗书

1928年9月的一天，赵云霄外出送通知，不慎被特务发现。她回到住处后，听到敲门声，察觉暗号不对，便立即销毁文件，并在窗口挂上了报警信号。被捕以后，在长沙的湖南全省"清乡"督办署，审判官举起卷宗对她说："你不是一个寻常的共产党员，在莫斯科喝过洋墨水，你和陈觉的情况，早已由我们立案了，你还是老实说了吧！"面对敌人的威胁，赵云霄坦然答道："既然已经知道了，你就判吧！要杀要剐，都随你们的便。"随后便一言不答。审判官无奈，只得命令士兵将她推上一辆囚车，送往长沙福星街的陆军监狱署。

而此时的陈觉，在常德县城

（今常德市）里以开药铺为掩护，主持湘西特委的工作。很快，他的行踪也被叛徒嗅到了。敌人包围了药铺，他越窗逃跑未成，不幸被捕。在常德的初审中，"剿共"军事指挥被陈觉骂得狗血淋头而恼羞成怒，但又不敢擅自处决他，只好派兵将他火速转往长沙。

夫妻二人被关押在同一所监狱里，近在咫尺却无法相守。在难友们的帮助下，陈觉和赵云霄通过传递纸条来相互鼓舞、相互激励。面对敌人的劝降，他们无动于衷；面对敌人的酷刑，他们决不屈服。当陈觉的父亲听到儿子儿媳被捕的消息时，心急如焚，老人变卖了家里所有的田产，想尽办法凑了一大笔钱到长沙疏通关系。大把钱撒出去还真见了效，敌人答应不投降可以，只要他们在悔过书上签字，再在报纸上登一份脱离共产党的声明，就立马放人。但敌人低估了共产党人的意志和信念，这对年轻的夫妇就算牺牲也决不就范。"惩共法院"便以"策划暴动，图谋不轨"的罪名，匆匆判处他们死刑。

10月10日，在就义的前四天，陈觉怀着"宁愿玉碎却不愿瓦全"的革命信念，怀着对妻子的绵绵情意和对父母的无限感恩与思念，给妻子留下了一封诀别信，满怀深情地写下："你也迟早不免于死，我已请求父亲把我俩合葬。以前我们都不相信有鬼，现在则唯愿有鬼。在天愿为比翼鸟，在地愿为并蒂莲，夫妻恩爱永，世世缔良缘。"在信中，他慷慨陈词："谁无父母，谁无儿女，谁无情人！我们正是为了救助全中国人民的父母和妻儿，所以牺牲了自己的一切。我们虽然是死了，但我们的遗志自有未死的同志来完成。大丈夫不成功便成仁，死又何憾！"这样的死"重于泰山"！10月14日，陈觉与其他同志被敌人装入囚车拉到湘江西岸岳麓山穿石坡，集体遇害。遗憾的是，牺牲前他未能见到自己即将出生的孩子。

本应一同赴死的赵云霄因当时怀有身孕，刑期推迟，敌人还想借机再予利诱，但赵云霄始终不改初心。翌年2月21日，她在狱中产下一名女婴。同监的难友怕婴儿受冻，便把她们母女俩围在中间。赵云霄给婴儿

陈觉写给妻子赵云霄的诀别信

取名为"启明",意即在黑暗中期盼黎明。

牢房里人多,空气混浊,马桶奇臭,婴儿缺乏乳汁,饿得哇哇直哭,身体极为孱弱。牢房的铁窗很小,又开得很高,太阳照不进来,尿布无法晾干,赵云霄就把尿布缠在腰上、垫在床上,用体温去暖干。她日夜抱着刚出生的女儿,把孩子紧紧地贴在自己的胸口上,一刻也不愿分离。然而,一个多月后,灭绝人性的反动派还是对赵云霄下了毒手。

3月24日,赵云霄接到"惩共法院"的死刑判决书。她搂着婴儿亲了又亲,吻了又吻,晶莹的泪水一串串地落下来。晚上,就着昏暗的油灯,她伏在床板上,给女儿写下了一封字字血、声声泪的遗书。赵云霄在信中一遍遍呼唤着"小宝宝""小宝贝",饱含着涓涓母爱和义无反顾的献身精神:"小宝宝你是个不幸者,生来不知生父是什么样,更不知生母是如何人!小宝宝你的母亲不能扶(抚)养你了,不能不把你交与你的祖父母来养你,你不必恨我!而恨当时的环境!"同时嘱托女儿:"小宝宝,我不能扶(抚)育你长大,希望你长大时好好的(地)读书,且要知道你的父母是怎样死的。"两天后,诀别的时

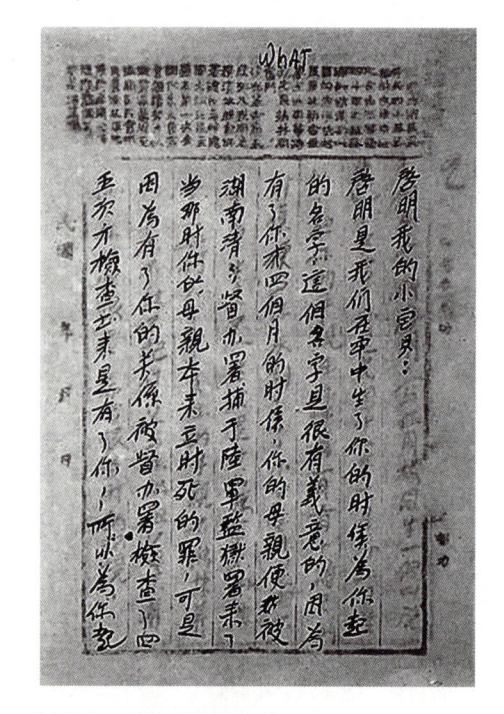

| 赵云霄写给女儿的诀别信

刻到了,一个母亲怎舍得自己初到人世的婴儿,这真是生死离别,痛断肝肠!赵云霄喂完最后一次奶后,强忍悲痛,把启明交给难友,从容地走向刑场。

陈觉遇害后,他的父亲推着一辆独轮车到刑场收殓了儿子的遗体,辗转一路运回醴陵老家安葬。赵云霄牺牲后,陈觉父亲却没能找到她的遗体,仅从监狱里接回了只有一个半月大的启明。不幸的是,小启明因出生于暗无天日的监狱、缺衣少食而体弱多病,未能如母亲所愿长大成人,四岁时便夭折了。

留传至今的两封遗书虽已泛黄,但那些流畅工整的字体,丝毫看不出两位英烈将死时的恐惧,反而流露出共产党人为真理献身的洒脱,以及他们忠贞的爱情和不舍的亲情。

> "我们正是为了救助全中国人民的父母和妻儿,所以牺牲了自己的一切。"

郭亮
和
李灿英
善抚吾儿继余志

灿英吾爱：

亮东奔西走，无家无国，我事毕矣！望善抚吾儿，以继余志。此嘱。

临死日

郭亮

| 郭亮

两心相印

郭亮，1901年出生，湖南省长沙县（今长沙市望城区）人。因仰慕诸葛亮，他将自己原来的名字靖笳改为亮。郭亮自幼聪明好学，才识过人，尤其喜欢思考社会问题，11岁时就写下了题为《问问社会》的新体诗，发出了"人们同活在一个世界，为什么贫富不一？"的灵魂拷问，表达出对社会不平等现象的强烈不满。

中共早期著名工人运动领袖郭亮在牺牲前写给妻子李灿英的遗书中将他对妻儿浓浓的爱和殷殷的期望，全部凝聚在笔端，短短30多个字，果决而深情。革命者的家国情怀，跃然纸上。这封珍贵的遗书由郭亮的战友柳直荀抄录在给中央当时的主要领导人罗迈（即李维汉）的信中，因而得以保存下来。在信中，柳直荀写道："靖笳兄临刑时有遗嘱一道，现经长沙商人传出，特抄上或可转灿姊一阅也。"

1925年，郭亮（左）与李灿英、儿子摄于长沙

郭亮的聪慧与正义感，都被老师的女儿李灿英看在眼里。李灿英，乳名友姑娘，比郭亮小两岁。由于两家父亲是好友，郭亮经常跑到李家请教问题、借阅书籍。李灿英就在一旁静静地听师生二人讨论问题，并给他们泡上香喷喷的芝麻豆子茶。待他们讨论完毕，她就和郭亮一起到父亲的书房读书学习。郭亮与李灿英青梅竹马，两小无猜，渐渐地，两个年轻人暗生情愫，在双方父母的支持下订下了美好婚约。

1915年，郭亮以优异的成绩考入湖南省第一联合县立中学。在认真读书学习之余，他时常与同学们一起讨论救国救民的办法。因家境贫困，郭亮仅在中学念了两年书，就不得不辍学回乡教书。这时，有人劝他与李灿英完婚，好好在家过小日子。但郭亮却认为："完婚的事，这两年内当不敢举行。盖早婚为我国近来青年人之通病。亮虽不敏，胡敢自投陷阱，贻误终身？"他拒绝结婚并非对未婚妻没有感情，而是心中怀有更远大的抱负，他曾对父亲表示："要不改造这个国家，什么事情也办不成！"

对此，李灿英并不抱怨，她深感郭亮是一位有理想的男子汉。她在给郭亮的回信中写道："郭亮我君，你做得很对，灿英被你的一举一动所折服，希你安心读书，学成报国。"郭亮接到信后，读了一遍又一遍，心里暖洋洋的。李灿英在背后默默地支持着郭亮，冬天来临时，会一针一线织出厚厚的毛衣为他御寒，还会在他返家时，倾听他讲述革命道理和远大理想。两人心心相印，感情与日俱增。

工人运动的组织者

郭亮被称为"毛泽东的杰出战友"，两人相识很偶然。有一天，郭亮到湖南省立第一师范学校拜访同学，同学不在，却巧遇洗冷水澡回来的毛泽东，两人从此相识。毛泽东创办《湘江评论》，郭亮是最忠实的读者；毛泽东成立新民学会时，郭亮是最积极的会员。

1919年，五四运动爆发后，郭亮邀集志同道合的同学发动附近小学的师生参加反帝爱国宣传，积极投入到毛泽东筹划发动的驱逐湖南反动督军兼省长张敬尧的斗争中，因而遭到通缉。郭亮便转移到李灿英家里，扮作她的表姊妹，李灿英提着竹篮，郭亮则把洋布伞放低，巧妙地躲过了敌人的视线。

1920年秋，郭亮考入湖南省立第一师范学校，并加入新民学会和湖南马克思主义研究会。此时，李灿英也随他来到长沙，进入自治女子职业学校学习缝纫，在郭亮的影响和帮助下，积极热情地投入到学生运动中。1921年10月，郭亮加入长沙社会主义青年团。同年冬，他由毛泽东介绍加入中国共产党。在党的领导下，郭亮投身到中国工人运动的洪流中，被毛泽东赞为"有名的工人运动的组织者"。

1922年5月，中共湘区执行委员会成立，郭亮任委员，分管工人运动。8月，他成立粤汉铁路岳州工人俱乐部，发展党员，组建岳州站支部。9月，他组织领导粤汉铁路长（沙）武（汉）段全线大罢工，带头卧在铁轨上以阻止列车通行，揭开了湘区第一个工人运动的序幕，随后当选为粤汉铁路总工会主任、湖南全省工团联合会副总干事。1922年底，郭亮回到家乡铜官，不久后领导了当地陶业工人的抗税斗争，组织筹建陶业工会，赢得广大工人的信任和拥护，被推选为铜官陶业工会委员长。他还主持发展了铜官第一批共产党员，成立了铜官第一个党支部。

患难中的革命伴侣

李灿英是郭亮革命事业的坚定追随者与支持者。当郭亮决定创办工人报纸却身无分文时，她主动拿出母亲送给她的金项链，换了15块光洋，作为郭亮出版《工人之路》的资金。1923年2月5日，订婚多年的郭亮与李灿英终于在家乡完婚。婚礼非常简朴，不坐轿子，不送帖子，只请了郭亮的三位老师和双方家人。席上就是平时常吃的食品蔬果，大家热热闹闹地给这对新人送上了祝福。结婚当晚，当郭亮把从当铺赎出来的金项链还给妻子时，李灿英感动极了，她觉得他们的爱情比金坚。也是在这一年，李灿英加入中国共产党，夫妇二人携手并肩踏上革命征途。

随着革命形势的发展，郭亮先后担任湖南外交后援会主席、湖南省工团联合会总干事、中共湘区执行委员会工农运动部部长等职，领导湖南反帝爱国运动和工运工作。第一次国共合作时，他被选为国民党湖南省临时省党部委员、执行委员，负责工农运动。1926年5月，在第三次全国劳动大会上，郭亮当选为中华全国总工会候补执行委员。他参与组建国民党湖南省党部特别委员会，大力声援北伐。郭亮后又任湖南省总工会委员长、湖南全省工农商学大联合会主席，利用自己公开合法的身份，在各种场合进行宣传鼓动，促进湖南全省工农革命运动迅速高涨。郭亮承担着繁忙的革命任务，而李灿英就像一盏灯，永远为他而亮，时刻等待着他平安归来。他们的爱情虽生逢乱世，却因有使命在肩，便浪漫又伟大。

国共合作后，李灿英也相继担任了长沙工会妇女部部长和宣传部部长。她搞来一台缝纫机，以开成衣店为掩护，协助丈夫开展革命工作。这段时间，李灿英回到郭家生下了一个白白胖胖的儿子。得知消息的郭亮高兴极了，可当时他正在长沙组织2万名工人进行抵制日货的大游行，无法抽身，直到游行结束他才匆匆赶回妻子身边。因为孩子是在中华民族多灾多难的时候来到人间的，郭亮便为他取名郭多难，以激励他长大后为解除民族危机而努力奋斗。日后几天，郭亮难得放下工作，守在妻子身边，无微不至地照顾着产后的李灿英。等她稍稍恢复些，他就又忍痛告别，返回到斗争一线。

北伐军进入长沙后，湖南妇女运动迅速高涨起来，李灿英被调到长沙市各界妇女联合会工作。身上的担子更重了，她担心自己干不好。看到妻子产生了畏难情绪，郭亮就利用一个夜晚的时间，耐心地给她讲解妇女运动的重要意义。李灿英深受鼓舞，愉快而又信心百倍地接受了这项工作。

1927年5月，郭亮在中共第五次全国代表大会上当选为中央候补委员。马日事变后，他代理中共湖南省委书记，以应对长沙危险局势。在敌人的搜捕下，郭亮化装成打鱼人先躲到妻子姨妈家里，后又逃往汉口。险

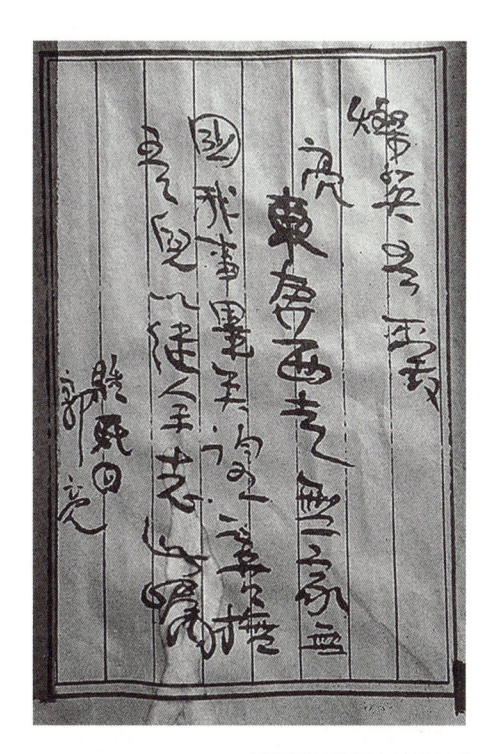

郭亮写给妻子李灿英的遗书（仿真件）

恶的环境下，李灿英也只好带着小多难到靖港投靠亲戚。这期间，郭亮出席了第四次全国劳动大会，当选为全国总工会执行委员，后随贺龙部队参加南昌起义。队伍被打散后，他历经磨难回到上海找到党组织，被任命为中共湖北省委书记。此时的郭亮非常挂念李灿英母子的安危，经过多方寻访，在同志们的精心安排下，终于得以与妻儿在汉口团聚。

1928年1月，中共长江局任命郭亮为中共湘鄂赣边特委书记，李灿英等5人为委员。李灿英和儿子暂住汉口，郭亮则扮成富商模样来到岳州（今岳阳市），化名李材，开设李记煤栈，将其作为特委机关，又另开一家饭铺作为秘密交通站，积极发动工农开展武装斗争。张闻天夫人刘英曾记述过一段有趣往事，当年她途经汉口，听到一位身穿花缎子旗袍，发辫高高盘在头上的妇女轻声唤她，看着面熟却一时认不出来。原来此人正是李灿英，因为郭亮的公开身份是经理，作为他的太太，所以李灿英要打扮得像样些。

「甘愿为党献头颅」

在郭亮的努力下，湘鄂赣三省边界党的活动得到较快的恢复和发展。郭亮被国民党反动当局视为眼中钉、肉中刺，反动派在长沙到处张贴告示，悬赏1万元通缉他。

1928年3月27日深夜，由于叛徒告密，郭亮在煤栈内遭逮捕，并被押往长沙。敌人对郭亮连夜进行审讯。

"你是郭亮吗？"

"我承认是总工会的委员长郭亮，你们就可以杀了，不必多问！"

审讯者追问中共地下组织的情况，郭亮回答说："开眼尽是共产党人，闭眼没有一个。"

敌人威胁他："你不说，我会严刑拷问的！"

"家常便饭。"

"我要砍你的头！"

"告老还乡。"

这就是这位年轻的共产党员在国民党法庭上的全部"供词"，简单而决绝，带着对敌人的轻蔑、嘲讽，彰显着大无畏的革命英雄气概。

因惧怕郭亮在群众中的巨大影响，敌人等不及详细审问，便在3月29日将年仅27岁的郭亮秘密杀害，还将他的头颅残忍地割下来示众。

早在1916年，年仅15岁的郭亮在长沙街头看见被杀害的革命党人的头颅时，就义愤填膺地写下一首诗："湘江荡荡不尽流，多少血泪多少仇！雪耻需倾洞庭水，爱国岂能怕挂头！"12年后，郭亮同样为革命抛头颅、洒热血。鲁迅先生听闻后，愤然写道："革命被头挂退的事是很少有的。"

"无情未必真豪杰，怜子如何不丈夫？"革命者舍弃家庭、投身革命并非无情，而是有着对国家更宽广的胸襟和更博大的情怀。正是有郭亮这样的舍小家顾大家、情系国家命运的革命者浴血奋战、无私奉献，才有现如今的美好生活。

郭亮用他短暂而壮烈的一生，印证了他入党时的铮铮誓言：有的人入党，只是献出一张空嘴皮，我郭亮甘愿为党献头颅！后来，老乡们冒着生命危险将他的头颅偷回，与躯干缝合在一起，葬于老家后山。

郭亮就义后，党中央当时的理论性机关刊物《布尔什维克》在《我们的死者》专栏里，登载了烈士一生的战斗功绩。1935年，中共湘鄂川黔省委会议决议，将省委所在地永顺县改名为"郭亮县"，并修建象征性的郭亮烈士墓，以纪念先烈，教育来者。1957年，望城县（今长沙市望城区）人民政府为纪念郭亮诞辰56周年，正式修筑了烈士墓，树立了墓碑。如今漫步望城，郭亮小学、郭亮路、郭亮亭、郭亮村等以郭亮命名的地方比比皆是。这些，都凝聚着人民群众对郭亮烈士的无限崇敬与深深怀念之情。

继承遗志

得知郭亮殉难的消息，李灿英痛不欲生。但她很快就站了起来，坚强地带着不满3岁的幼子到上海找到党组织，先后被安排在中共湖南省委机关、上海中国革命互济会、中央出版局以及中共江苏省委机关等处工作。丈夫的嘱托成为她坚持斗争的最强大的精神动力，即便在与党组织失去联系时，她仍然开设了一家缝纫店作掩护来联系同志，寻找党组织。

为了隐蔽身份，李灿英化名李英，郭多难改名郑志成、袁志忠，最后改为郭志成，以示继承父亲的遗志。全面抗战爆发后，

| 李灿英和儿子郭志成

党为了确保烈士后人的安全和健康成长，将郭志成送往延安，后又送到苏联国际儿童院学习。儿子走后，李灿英便来到武汉、长沙、桂林等地的战时儿童保育院工作，把对自己孩子的爱全部倾注到保育院的孩子们身上。

1939年7月，在党组织的支持下，李灿英在铜官自筹资金，创办进德女子职业学校并任校长，又创办陶业小学并亲自授课。学校既是培养进步青年的摇篮，也是党组织的地下交通站。不久她就被国民党列入暗杀黑名单，于是她只好忍痛再次离开家乡，化名李静容，到从长沙迁至衡阳的自治女校任教导主任，继续开展地下活动。衡阳解放后，她出任衡阳市民主妇女联合会主任、湖南省民主妇女联合会委员、湖南省民主妇女联合会筹备委员会组织委员等职。由于长期从事地下工作，李灿英积劳成疾，不幸于1950年4月英年早逝，其遗体被运回故乡与郭亮合冢。

为了继承先辈遗志，在中国建设共产主义，入读莫斯科动力学院的郭志成选修了热力学。当年，毛泽东在访问苏联期间见到他，看着与昔日战友毫无二致的郭志成，一时感慨万千，挥笔题写了"为人民服务"送给他。1952年6月，郭志成学成归国，终生为祖国的电力事业奋斗。

"
湘江荡荡不尽流，多少血泪多少仇！雪耻需倾洞庭水，爱国岂能怕挂头！
"

黄诚
和
刘文隐
可怜白首难再期

"但愿死后永留印象于人间,开会追悼之足矣。"

| 黄诚　　　| 刘文隐

难得精禽填恨海，可怜缧绁陷多才。
绿笺点点斑痕在，知道读时泪满怀。

松冈明月魂如在，记取铁窗仍多情。
临难铮铮风骨好，皖山不负夜台行。

不堪展墓悲凉意，更藏遗文带泪痕。
难得同情深似海，伴君剪纸共招魂。

　　这是 1944 年 9 月，陈毅军长感怀于新四军将领黄诚和他的未婚妻刘文隐，天各一方、生死两隔所赋的三首诗。陈毅在诗序中写道："黄诚同志在皖南事变中被俘，其未婚妻刘文隐同志先期来延，两地悬悬，历时数年。余久与黄共事，于黄刘情谊固知之甚稔。今岁余来延晤马新同志，始悉文隐病故。复于马处获读文隐日记及黄诚狱中通信数通。黄被俘不屈，志量可佩，文隐地下有知可谓不负。黄出狱当有亲睹遗物之一日。余感其事，怆然命赋。"

　　陈毅作此诗序时，因国民党当局

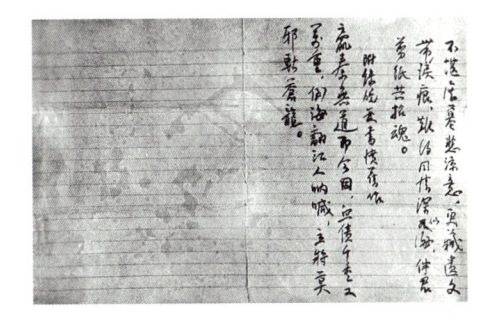

陈毅的题诗

封锁了杀害黄诚的消息，所以并不知道黄诚已经就义，还期望黄诚出狱后能有机会看见未婚妻的遗物。

学运领袖

黄诚，原名庆和，号幼山，1914年出生于河北省安次县（今廊坊市安次区）。他幼读私塾，深受历代仁人志士的影响，10岁时就在题为《言志》的作文中写下了"但愿死后永留印象于人间，开会追悼之足矣！"的远大抱负。

1930年，黄诚来到北平，入读第四中学。在校期间，正值九一八事变爆发，黄诚目睹了民族危难，无法压抑内心的爱国热忱，与广大爱国青年一起走上街头，散发传单、张贴标语、发表演讲，组织同学清查、抵制日货，并筹备成立北平中小学学生联合会。这些爱国活动引起了校方的注意，1932年暑假，学校开除了黄诚等几个进步学生。

尽管没有读完高中，但这年秋天，黄诚仍以优异成绩考入天津北洋工学院预科。这里的学生运动更为活跃，黄诚进一步受到进步思潮的熏陶。他参与组织河滨社、荒火社等进步社团，和同学们一起阅读进步书刊。

1933年2月，黄诚与几位同学开办北洋工学院工友补习学校，向工友及其子弟们讲授文化知识，宣传抗日救亡，以实践自己"宣传民众为当今

天津北洋工学院

救国之要务"的思想。黄诚还经常用"煌煌""成成"等笔名，给《北洋周刊》等刊物投稿，抨击时弊，宣传爱国思想。反动的学校当局便以"煽动学潮"为名，将黄诚开除。

黄诚并没有屈服和气馁，经过刻苦自学，1934年9月，他考取清华大学地学系。入校后，黄诚参加了中共领导的中国民族武装自卫会和北平世界语学会联合会清华分会的活动，思想认识不断提高。后又与同学发起成立进步团体东方既白社，向广大同学和进步青年介绍辩证唯物主义和社会科学知识，宣传爱国主义。第二学期黄诚被选为清华大学学生自治会干事会主席。

1935年，日本帝国主义制造华北事变，黄诚当选为清华大学学生自治会救国委员会主席，挑起领导同学们开展抗日救亡活动的重任。救国会起草并发表《告全国民众书》，喊出了华北学生的共同呼声："华北之大，已经安放不得一张平静的书桌了！"一二·九运动爆发时，黄诚作为清华大学学生请愿游行的总领队，走在队伍最前面，带领同学们冲破军警的层层阻挠，以血肉之躯呼吁抗日救国。历经抗日风暴的洗礼，1936年1月，黄诚加入中国共产主义青年团。

不久，清华大学党组织吸收他为中共党员。

1936年6月，黄诚因参与组织北平学生的六一三大示威，再次被校方以"违反校规，不知悔改"为由开除。对此，黄诚在《让我们做最末一次被开除的学生吧》的文章中写道："我是被开除了，我不留恋，我不懊悔，一切都是为了救亡，我要永为救亡而奋斗！"这表明了黄诚誓为祖国民族解放事业奋斗到底的坚强决心。1936年9月，黄诚转入北平中国大学国文系就读，继续从事抗日救亡工作。10月，黄诚在公开选举中当选为北平学联主席，同时担任中共北平学联党团书记，担负起党对北平学联的领导工作。

黄诚等人领导的学生运动越活跃，越引起反动当局的恐慌。1937年1月20日，黄诚和几位学生运动领导人遭到逮捕。在狱中，黄诚等人一面设法与狱外的党组织取得联系，一面组织被捕同学同反动派进行斗争。后在党组织、广大同学和进步人士的共同营救下，国民党当局不得不释放了他们。

两地相思

抗日战争全面爆发后,黄诚投笔从戎,受党组织委派到刘湘的川军中做统战工作。在川军中,黄诚组建起中共特别支部并担任书记,还利用国民革命军战地巡视员的公开身份举办了两期青年训练班,培养抗日骨干力量。

1938年初,黄诚与特别支部的全体同志通过陈毅参加了新四军。黄诚先在第一支队工作,和陈毅朝夕相处,建立起深厚的革命友谊。不久,他被调到新四军军部,担任政治部秘书长。在这座革命的熔炉里,通过和工农兵群众的深入接触,黄诚的思想有了质的飞跃。他在给姐夫的信中欣喜地谈道,"此地如一学校,亦如家庭,友朋相处,完全待以至诚",自己"无时无刻不求上进"。

由于学识渊博、善于言辞,又长于交际,黄诚被叶挺誉为"我们新四军的交际家"。他还经常给广大干部讲政治课,同时注意做驻地附近进步青年的团结教育工作,因而受到周恩来的肯定与表扬。

每在紧张的工作和战斗之余,黄诚都会情不自禁地想起自己的未婚妻刘文隐,这是他心底最柔软的地方。刘文隐是个知文识字的姑娘,与黄诚志同道合,在他南下革命时孤身奔赴延安参加革命。那个时候山高水远,恋人只能靠书信来互诉相思之苦。

1940年1月20日,江南降下了冬天的第一场大雪,"遍山野的洁白如洗",冷风中黄诚愈加思念当时远在宜川大山下的文隐。当文隐生病时,他也在病中,他把文隐的照片看了无数次,爱人的模样、声音宛在眼前和耳边。他怀念他们在重庆路上的相互提问,在青年会后树荫下的并坐,彼此学着对方的乡音,还猜想着文隐穿上戎装的样子。每封信不仅是黄诚传递情感的桥梁,也是他激励爱人前行的动力。他在信中写道:"时代是在一个激烈的动荡中,我们只有随着动荡向前迈进!""抗战的浪潮汹

黄诚寄给未婚妻刘文隐的照片,照片上有黄诚题字:"文隐:诚 一九四〇"

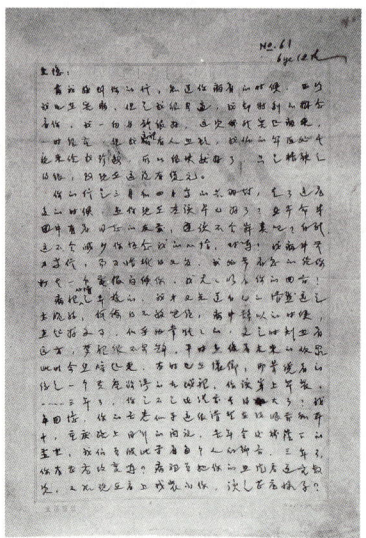

黄诚在新四军军部写给刘文隐的信

涌前进，也有着逆流在翻滚……在狂涛大浪中只要抓紧自己的方向，待转过逆涛，乘风万里！"

身在延安的刘文隐，也无时无刻不在思念着黄诚。她在日记中记录了自己最真实的思想情感："我有一个好朋友、好同志，即一般人所谓'爱人'。我和他是那样自然那样天真的（地）恋爱的。""大家互相勉励，互相督促着"，"把私人的感情保持了起来，谁也没有想过个人的幸福"。虽然刘文隐是一个柔弱的女性，但却有着坚强的革命意志，她为自己"囚禁在病榻上"不能献身战斗而苦闷，更深知战争和革命"是残酷的，是要流血的"。如果黄诚牺牲了，为了纪念他，她"将努力的（地）学习，勇猛的（地）工作"，并且坚信将来他们的"血会流在一起"。

白首难期

1941年初，国民党反动派制造了震惊中外的皖南事变。黄诚率领新四军部分干部战士突围，他奋勇当先，与国民党军队展开激战，不幸被俘，被囚禁于江西上饶集中营李村监狱。在狱中，黄诚等人经过酝酿，组建了党的秘密支部，黄诚任副书记，组织狱友坚持斗争。敌人诬蔑新四军"叛乱"，要黄诚"反省""自新"。黄诚义正词严地加以驳斥:"我们新四军是抗日的队伍,几年来转战大江南北,战绩辉煌,有目共睹,我们一不投降日本,二不掠夺百姓,一心只为抗战救国,不惜流血牺牲,难道这有什么罪过吗?!"自参加革命以来,他早已做好了牺牲的准备,他说:"革命是我们的权利,牺牲是我们的义务。"面对威胁,他更是视死如归:"几年来从事于抗战,无愧于心,我绝不因斧钺在前而变初衷。假如就这样死了,则求仁得仁,复何怨。"

在被羁押的日子里,即使失去自由和敌人威逼利诱也无法撼动黄诚坚强的意志,然而对亲人和爱人的思念与牵挂却让他难以割舍。为了表达思念之情,他给爱人写下了一封封情真意切的书信。在这封1941年4月22日的信中,黄诚写道:

文隐:

我自到江西后,曾去五函,不知你可曾收到?万里远隔,音讯久疏,在我今日的心情,你可以想到我是怎样的(地)想念你?你的身体想早好了?会不会离开原来的地方呢?

我仍然住在此地,一切照旧,每日除读书外无他事,几年战地奔驰,不想今日得此悠闲度日。我是怎样的(地)想着过去啊!但请你不必惦念我,我一定会好好的(地)生活着,我相信总有一天和你再见,你不会忘记我们过去的约言吧!

在今天我希望得到你一个消息就够了,知道你平安,知道你在那(哪)里,我也无所望,望你收到这信后,立即复我吧!

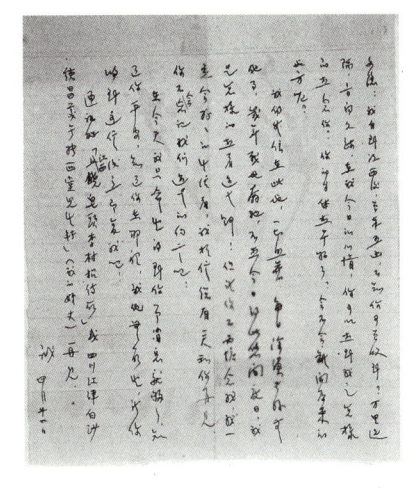

黄诚在狱中写给刘文隐的信

此时的黄诚虽身陷囹圄，却依然满怀着乐观与希望，他将被捕后艰难困苦的狱中生活视为难得的"悠闲度日"，多年的革命生涯令他奔波劳碌，不得空闲，现在倒是可以静下心来读读书。对未来黄诚更是充满信心，叮嘱文隐不必惦念他，他一定会好好地生活，相信总有一天两人会再见。在信中，他向未婚妻深情告白——"你可以想到我是怎样的（地）想念你"，并且热切期盼着爱人的平安与回信。5月3日，仍然没有得到文隐来信和消息的黄诚，又去一信，一遍遍重复："你可想象得到我是如何想念你？我最担心的是你已迁移了，或去了远方，那不是我将无法知道你的消息了吗？""假如你能看到这信时，请即复我吧！我只要能知你消息就够了。"但很不幸，本来身体就不好的刘文隐，因思念黄诚却久久得不到消息，最终抑郁而逝。令人唏嘘的是，他们连最终诀别的机会都没有，甚至唯愿

| 刘文隐在延安的日记

平安的愿望也落空了。

1942年4月，国民党当局下达了秘密处决黄诚等人的指令。23日，特务将毒药投放到饭菜里，黄诚等人食后感到腹内剧痛，昏迷过去，特务们乘机用绳子残忍地将他们勒死。

因黄诚、刘文隐这对恋人英年早逝，关于他们相识、相知、相爱、相许的点点滴滴，我们只能通过他们的通信、日记来了解一二。但我们深信，在革命的道路上，他们一定曾经约好不仅要共同为国为民奉献自己的一切，而且至死不悔！

"时代是在一个激烈的动荡中，我们只有随着动荡向前迈进！"

李白
和
裘慧英

电波英雄铸忠魂

5月7日，裘慧英最后一次探望李白。他平静地对妻子说："事到如今，对个人的安危，不必太重视；现在全国要解放，革命即将成功，我们无论生死，总是觉得非常愉快和欣慰的。"孩子伸出一双小手喊道："爸爸，抱抱我。"李白说："乖孩子，爸爸以后会来抱你的。"没想到这就是他们最后的诀别。

爱情的样子
最是信仰动人心

李白、裘慧英的真结婚照

电台重于生命

李白，原名李华初，1910年出生于湖南省浏阳县（今浏阳市）张坊镇的一个贫苦家庭。李白少时因家贫辍学，13岁便外出务工，到染坊当学徒。在大革命时期火热的农民运动的带动下，他加入了农民协会和儿童团，表现十分突出。1925年，年仅15岁的李白加入中国共产党，并于1927年参加了秋收起义。1930年，李白正式参加红军第四军。次年6月，他被选送到红一方面军第二期无线电培训班学习，为期半年，他在班上任班长和党支部委员。为熟练业务，李白完全不顾身体，带病坚持培训，被同学称为"学习上不知疲倦的人"，很快就掌握了报务技术。毕业后李白就任红军第五军团第十三军无线电队政委。从此，他将自己的一生献给了党

20世纪50年代上映的红色经典影片《永不消逝的电波》，感染和激励了几代人。影片主人公李侠受命前往上海加强秘密电台工作，地下党组织安排何兰芬与他假扮夫妻，协助他工作。在战斗中，二人产生了感情，经组织批准结为了真正的夫妻。他们在上海潜伏多年，向党组织传送了许多重要情报。上海解放前夕，李侠不幸暴露被捕，为新中国的建立献出了宝贵的生命。片中李侠与何兰芬的原型就是党的秘密战线上的英雄李白烈士和他的妻子裘慧英。

的无线电通讯事业。

1934年10月,李白随部队踏上长征之路,并且担任红军第五军团无线电分队政委。漫漫征途中,他将电台看得比生命还重,与无线电分队的100多名战友,抬着沉重的设备,爬雪山、过草地,出色地完成了军团通信任务,最终成功抵达陕北。李白后又被调到红四军担任无线电台台长。

抗日战争全面爆发后,政治素质高、业务能力强的李白被党组织选派前往南京、上海筹建党的秘密电台。1937年10月,李白化名李霞,乔装抵达上海。当时对无线电台及相关零件管控极严,他东拼西凑,一点点积累组建电台的零部件,终于完成了电台的组装。1938年春天的一个晚上,秘密电台正式启用。为了防止被敌人监测到信号,李白经过刻苦试验,不断摸索,在大幅降低电台功率的情况下,仍能将电文清晰地发送到数千里外的延安。为了有效保障联络畅通,他用收音机天线作伪装,选择在夜深人静的0点至4点之间发报。就这样,在日寇与军警特务等聚集的上海,李白冒着生命危险,用秘密电台架起了上海和延安的"空中桥梁",传达党中央的指示,汇报党在上海领导人民开展抗日斗争的情况,以及党的秘密组织在上海收集到的各方面情报。

假扮夫妻

随着战事的推进,上海情况越来越复杂。党组织考虑到李白的安全,觉得他孤身一人在上海,容易引起敌人的怀疑,便决定派一名女党员与他假扮成夫妻,同他一起进行掩护电台的工作。被选中的这名女青年叫裘慧英,又名裘兰芬,1917年出生于浙江省嵊县(今嵊州市)的一个农民家庭。裘慧英自幼家境十分贫寒,从小就不知道吃饱饭是什么感受,12岁时便来到上海当了一名包身工,此后辗转在几家绸厂做工。在进步力量的影响下,裘慧英发动绸厂的工人姐妹一起参加由地下党组织领导的上海工人救国会,从此走上了革命道路。抗日战争全面爆发后,她积极投身抗日救亡运动,勇敢地同敌人作斗争。艰苦的生活和丰富的斗争经历将她磨砺成一名坚韧、忠诚、勇敢的革命战士,1937年,裘慧英加入中国共产党,次年任中共沪西绸厂委员会委员,负责宣传工作。

两人的假结婚照

刚接到与李白当假夫妻的任务时，裘慧英心里是既尴尬又忐忑，脸一直红到了脖子根。毕竟当时她还是个连恋爱都没谈过的姑娘，此外，她心里向往着到老解放区去轰轰烈烈干革命。但在上级和同志们的帮助与鼓励下，裘慧英还是服从了组织的安排。不过，初次见到李白时，她却顿感"大失所望"，因为站在她面前的人"穿着长袍、戴着眼镜，清秀的脸庞带着几分神秘的色彩"，这让她看不惯，她觉得只有资本家才穿长袍。殊不知这是李白为防止暴露，以便更快地融入上海社会开展工作，不得不作出的改变。

1939年5月，李白与裘慧英拍了结婚照，以夫妻名义搬进蒲石路（今长乐路）蒲石村18号，把"家"安顿下来。裘慧英回忆说："我们这个'家'，陈设简单，一张写字台，一张床。晚上李白睡帆布床，有时怕麻烦，干脆就睡地板。"白天他们俨然一对夫妻，进进出出，邻居们对他们的关系也都信以为真。

在裘慧英眼中，李白是个既亲切又严格的人。起初，裘慧英对自己光鲜靓丽的穿着和"太太"的称呼都极不适应，总觉得这不是在搞革命工作，曾一度想跑回厂里去。作为前辈和上级的李白就耐心地做她的思想工作，使她认识到情报工作的极端重要性。李白对待工作非常认真，他总是这样讲，一个人能够为革命做一份工作，总算一生没白活。他的执着信念和革命精神深深感染了裘慧英，她变得充满力量，决心当好这个"家"，做好"李太太"，便越发主动配合李白工作，承担起警戒保卫和照顾李白生活起居的任务。为了不让裘慧英寂寞，李白在业余时间教她学习收发报。在李白的悉心教导下，裘慧英很快成长为一名隐蔽战线上的优秀战士。有一次，电报机上有个零件坏了，组织上派同志来维修。邻居撞见随口问了一句：以前好像从来没有见过工人打扮的朋友来你们家？裘慧英极力克制住内心的紧张，急中生智地解释说家里电灯坏了，找师傅来修。事后，李白夸她应对有方，同时，原本只掌握收发报技术的李白，决定自学机务知识，以后可以自己维修。于是，地下党组织批准并出资开设了一家福声无线电公司，对外营业，主要负责修理收音机。李白便扮作店里的"账房先生"，在通讯专家、"老板"涂作潮的指导下，刻苦钻研电台的安装和维修技术。

携手潜伏

慢慢地，李白与裘慧英在朝夕相处中累积起真挚的情感。1940年，经党组织批准，他们正式结成伴侣。两人再次走进照相馆，重新拍了一张真正的结婚照。这一次的他们相互依偎，掩藏不住内心的幸福，眉眼间尽显甜蜜之情。结婚当晚，李白给裘慧英改名为裘慧忠，对她解释说将"英"字改成"忠"有两层意思，一是对党的工作要忠诚，二是夫妻彼此之间要忠诚。自此以后，在暗夜里，秘密电台边，两颗革命的心灵靠得更加紧密了。秘密电台工作不仅充满危险而且异常艰苦。每次发报前，李白要先把一圈天线挂在阁楼墙根，只将一头露出窗台少许。为了防止声音外传，他们从来不开门窗，怕引起别人关注，还要挂上双层深色窗帘，使用亮度最低的灯泡。夏天不透气的阁楼如同火炉般又闷又热，发一次报，衣服都能拧出水来。裘慧英看着心疼，便也流着汗在一旁为丈夫扇扇子。冬天，李白的手指头冻得僵硬红肿，仍强忍疼痛坚持发报。每次工作完，裘慧英都给他揉搓手指，直到发热。在日常生活中，夫妇二人极其俭朴，省下的经费全都上交组织。除了过年，他们平时都是粗茶淡饭，但以他们的身份，按理每天少不得大鱼大肉，买菜时篮子里倘若天天都是最便宜的菜，难免会被人盯上。为此裘慧英想到个好办法：每次都带块布遮住菜篮子，这样就不会有人注意到自己买了什么菜。有时为调剂一下生活，他们到剧院看场李白喜爱的京剧，也要买最廉价的座位。偶尔外出时，就以步代车。为了工作需要和安全起见，他们多次更换住址，上海很多地方都曾留下过他们战斗的印记。

多年来，他们过着刀口舔血的日子，每次前脚跨出大门后，就时刻做好了再也不能回家的准备。太平洋战争爆发后，日军进入上海租界，加紧破坏党的地下组织，并用无线电测向仪侦测我党电台。1942年的中秋前夜，李白正在阁楼上紧张发报时，被日军发现，夫妇遭逮捕。敌人对李白施以酷刑，但李白坚决不暴露真实身份，一口咬定自己的电台是一个私人商业电台。他还嘱咐妻子要"爱护朋友，牺牲自己"。在丈夫的鼓励下，裘慧英也咬紧牙关，没有吐露半个字。由于李白事先将收报机改装成了一台普通的收音机，敌人抓不到任何把柄，一个月后，敌人不得不先将裘慧英释放。但直到1943年5月，经党组织营救，遍体鳞伤的李白才得以获释。

出狱后，李白仍被特务监视，与党组织暂时失去了联系。几个朋友便出资开了一家良友糖果店，让李白做了店员。在没有"工作"的日子里，李白没有任何急躁情绪，夫妻二人将商店管理得井井有条。1944年，党组织将李白夫妇调往浙江，安排他打入国民党国际问题研究所做报务员。他化名李静安，往返于浙江和江西之间，利用国民党的电台，为党秘密传送日本、美国及国民党顽固派方面大量的战略情报。

| 永不消逝的电波 |

抗战胜利后，李白夫妇受命回到上海重建电台。不久，儿子的出生给这个秘密的小家庭带来了难得的欢乐。为了掩护身份，李白白天外出工作，深夜则利用仅有7瓦功率的小发报机与党中央进行通信联络。

李白使用过的
台灯、钢丝天线、白烙铁

1946年1月19日，李白一家在上海

1948年秋，解放战争进入战略决战阶段，李白的工作量骤然增加。他将大量有价值的情报发往西柏坡中共中央社会部电台，为党中央和前线指挥员制订作战计划提供了有效帮助。长期超负荷工作也使李白身体日益虚弱。1948年12月30日凌晨，正当李白向西柏坡发送国民党在长江南岸布防情况的绝密文件时，住宅被大批军警包围。他察觉到了危险，加速发送完电报，并在最后时刻向西柏坡发出代表"危险"的电码信号后，镇定地销毁了电文底稿和密码并隐藏起电台。

据他们的儿子回忆："那是1948年12月30日凌晨2时左右，夜阑人静，万籁俱寂，当时我已入睡，母亲听到外面有动静，料知事情不妙，就立即告知父亲。父亲很快地拆除了发报机，母亲帮着他整理天线，收拾完毕，就把我抱下楼寄睡在邻居家里。父母重又上床，佯作入睡模样，静待敌人的到来。不出所料，匪特多人果然破门而入，露出狰狞面目，破壁翻箱，四处搜寻。不幸，藏在壁柜里的收报机终被发现，机内热气还未消散。匪特既得真凭实据，为讨好邀功，怎肯轻易放过，立即将父亲挟持出门。父亲临去黯然，竟未有一语而别。父亲离去，匪特数十人向母亲包围恐吓，追根究底。母亲为保守秘密，闭口不言。第二天早晨，母亲也被匪特带去审问，并带母亲去看已被刑讯过数次的父亲。时值隆冬，北风凛冽，母亲目睹父亲身上衣服都被剥光，用绳子捆绑在老虎凳上，神情显得十分疲惫。匪特要母亲劝说父亲，供出底蕴。母亲对着父亲只作会意的默视。"

李白被捕后，敌人对他连续进行了30多个小时的刑讯逼供，使用了30多种酷刑，甚至用妻儿威胁他。但李白坚贞不屈，始终以钢铁般的意志保护上海地下党组织的机密。裘慧英思念丈夫，就偷偷带着儿子到监狱对面老百姓家的二楼阳台上，以这种方式与牢房内的丈夫相见。当时李白的两条腿被敌人的老虎凳都压断了，只能在难友的托举下，隔窗与妻儿遥望。

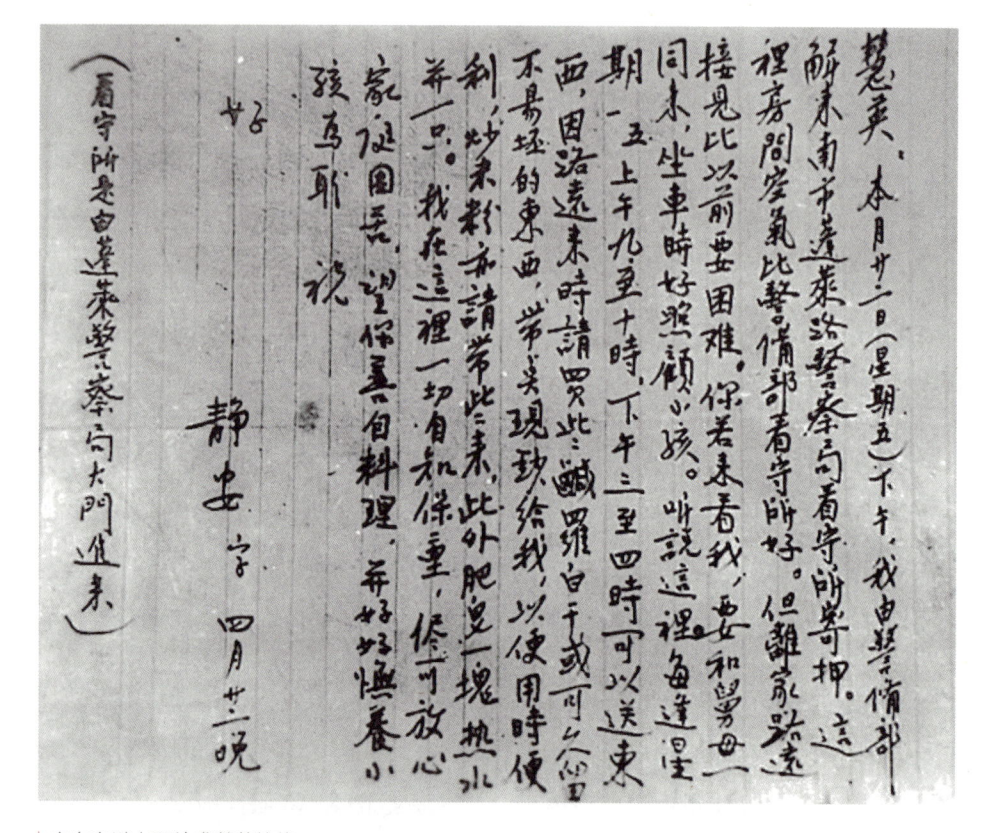

李白在狱中写给裘慧英的信

1949年4月22日,李白被押解到蓬莱路警察局。想到几个月没见的妻子和儿子,李白便忍不住写信给妻子,说自己在狱中"一切自知保重",让她放心;家庭困苦,希望妻子"善自料理","并好好抚养小孩"。从信中,可以看出李白内心的淡定与坚毅,以及他对妻儿的深深挂念。5月7日,裘慧英最后一次探望李白。他平静地对妻子说:"事到如今,对个人的安危,不必太重视;现在全国要解放,革命即将成功,我们无论生死,总是觉得非常愉快和欣慰的。"孩子伸出一双小手喊道:"爸爸,抱抱我。"李白说:"乖孩子,爸爸以后会来抱你的。"没想到这就是他们最后的诀别。就在当天夜里,敌人执行蒋介石下达的"坚不吐实,处以极刑"的密令,将李白等12人押往浦东戚家庙秘密杀害。

20天后,上海解放。裘慧英日夜寻找李白的下落,终于在浦东发现了他的遗体。

| 李白生前戴过的手表

永失爱侣，裘慧英的痛楚自是不可言说，但她并没有被悲伤压倒，反而强忍内心剧痛，继续忘我地为党工作。晚年，裘慧英全身心扑在弘扬革命传统、教育青年一代的事业上，被年轻人亲切地称为"裘妈妈"。

> "我在这里（监狱）一切自知保重，尽可放心，家庭困苦，望善自料理，并好好抚养小孩。"

刘英
和
丁魁梅

英雄唯独爱寒梅

战友们用稻草编织垫褥，铺设他们的婚床，简朴又甜蜜。那天，刘英给岳母及诸兄写了一封家书，信中承诺："我俩从此结合，定能本着互尊、互勉、互谅、互助之精神，结成牢不可破的终身伴侣，为抗战建国伟业共同努力！"

他们的第一次相遇

1938年初秋,浙江姑娘丁魁梅从天台步行到乐清,横渡瓯江后,前往当时设在温州的中共浙江省委报到。那一年,丁魁梅虽然年仅22岁,但已经成长为一名坚定的革命者。出生于浙江天台的她,少年时就追求进步,在天台中学读书时,曾多次在中共天台县委机关刊物《赤城》上发表文章,为妇女鸣不平。1935年,丁魁梅考入浙江大学代办的省立杭州高级工业职业学校染织科,后因家境拮据转入省立杭州师范学校。七七事变后,她愤然离校,回乡参加天台县抗日后援会与天台县民众抗日救国团,从事抗日救亡活动。1938年,丁魁梅加入中国共产党;5月,担任中共天台县委妇女部部长、战时政治工作队第二区区队长;7月,调任中共台属特别委员会妇女部

"梅绽吐芳风雪摧,英雄唯独爱寒梅。山盟海誓今犹在,不负当年赤诚栽。"这是中共浙江省委原书记刘英烈士牺牲多年后,妻子丁魁梅深情写下的诗句,寄托了她对刘英刻骨铭心的思念。

部长。鉴于她的妇女工作经验，党组织此次派她到浙江省委担任妇女委员会委员，并兼任省委机要秘书。

在九柏园头新四军驻温州通讯处，丁魁梅遇到了一生所爱——时任中共浙江省委书记的刘英。初次见面时，还没来得及自我介绍，刘英就准确无误地叫出了她的名字。随后，刘英给前来报到的同志们指示工作，要求他们保持高度的革命警惕性，认真工作，严防意外，凡事要从最坏的方面打算，向最好的方向努力。这次见面，刘英给丁魁梅留下了深刻的印象："他是一个十分机智、果断和坚强的人。"丁魁梅后来回忆说："离开时，刘英提醒我换上便装。我才意识到我已从公开的革命斗争，转入更艰苦复杂的地下斗争。"

「赤心献革命，决然无返顾」

随着工作中更多的接触，丁魁梅对刘英有了更深入的了解。刘英，原名刘声沐，字浴沂，1905年出生于江西省瑞金县（今瑞金市）。他从小秉承农家子弟固有的勤劳节俭、吃苦耐劳的品性，勤奋好学，成绩优异。但因家境贫困，他从瑞金县私立群德高等小学毕业后，就无法继续上学了，后来他当过教员、米店老板。出生于红色摇篮瑞金的刘英，在地下党负责人的引导下很快就开始了革命工作。1929年4月，中国工农红军第四军从长汀进驻瑞金县城时，他改名为刘英，报名参军，先在军部任会计、供给部出纳股股长，后调到军部任文书，在毛泽东、朱德身边工作，进步很快。

1929年9月，刘英加入中国共产党。入党后，刘英更加忘我地投入到革命工作中，他以诗明志："幼时不知路，今日上坦途。赤心献革命，决然无返顾。"他是这样说的，更是这样做的。在中央苏区历次反"围剿"战斗中，刘英冲锋在前，屡立战功，经受了一次次生死考验，迅速成长起来，从排级干部直至红军第七军团政治部主任，一步一个脚印、踏踏实实地成长为一名重要的红军将领。

1934年7月，红七军团改编为中国工农红军北上抗日先遣队，刘英任政治部主任。红七军团与红十军合编为红军第十军团后，刘英历任第十九师政治委员、军团军政委员会委员、军团政治部主任，随部队转战闽浙皖赣边。在谭家桥战役中，刘英身负重伤。在没有麻药的情况下，他以顽强的意志，忍着剧痛接受了手术，被战友们称为"红军中的关公"。由于创伤严重，刘英的右手功能障碍，无法写字和用筷子。为了继续工作，他便以惊人的毅力，学会了用左手写字和用枪。正如他在《备忘录》中所写："一切难于忍受的生活，我都能忍受下去，这些都不能丝毫动摇我的决心，相反的，更加磨炼我的意志，我能舍弃一切，但是不能舍弃党、舍弃阶级、舍弃革命事业。我有一天生活，我就应该为它们工作一天！"

1935年2月，刘英奉命与粟裕率领红十军团突围余部组成挺进师，进入浙江地区。他们采取灵活机动的战术，在国民党统治中心先后建立起浙西南和浙南革命根据地，粉碎了国民党"红军已被消灭"的欺骗宣传，有力地牵制和吸引了数十万敌军，策应了党中央和主力红军的战略转移。11月，中共闽浙边临时省委成立后，刘英任书记。抗日战争全面爆发后，他代表闽浙边临时省委与国民党闽浙赣皖边区主任公署代表谈判，双方达成合作抗日协议。1938年3月，挺进师主力编入新四军北上抗日后，党中央指示刘英继续留浙坚持斗争。他先后担任中共浙江临时省委书记、浙江省委书记，领导全省党的工作。

"牢不可破的终身伴侣"

刘英为人热情活泼，又平易近人，始终无微不至地关心着干部们的思想、工作、学习和生活情况，总是将繁重的工作担在自己肩上。他传奇的斗争经历、丰富的革命经验，以及日常工作中的点点滴滴，渐渐地在丁魁梅心中交叠出别样的情感。在长期的接触中，两个人的感情与日俱增，很快便成了恋人。

1938年3月，刘英率省委机关从温州迁驻丽水，在艰苦危险的斗争环境中，刘英表现得更为机智、果敢。他化名王志远，装扮成避难的富商，在四牌楼开设兴华广货号商店作为联络处，与丁魁梅、交通员王德珊等组成五人避难家庭，租住在厦河村保长家的院子里。

他们将房间布置成这样：把斑驳的泥墙用白纸糊上，挂上双层的窗帘。在墙壁上挂着刘英写的一副对联"明月松间照，清泉石上流"，显示自己是不问政治的清高之士，并贴着一幅他画的寓意深蕴的"水中鱼乐图"，暗喻地下党员与群众的鱼水关系。很快，这个时常头戴银丝草帽，身着哔叽长衫的"王老板"赢得了村民的信任。他每天在村子里散步，给生疮的孩子洗手、换药、讲故事，就连保长家孩子的毒疮也被他治好了。保长识字不多，平时有公文来，就让"王老板"读给他听，上头要苛捐杂税、派壮丁，也找"王老板"商量。"王老板"利用这种关系，设法复制了许多印章和路条证明，以方便地下党的活动。每到夜深人静之时，他们就借着昏暗的煤油灯光，小心翼翼地用碘酒揩着白天收到的情报和上级指示。看完后，刘英起草通知，丁魁梅用钢笔仔细地抄写许多份后，再由王德珊分送到各个联络点。小院里的煤油灯常常亮到天明，"王老板"就这样领导着全省地下党开展抗日救亡运动。在这里，他撰写完成了7万余字的《北上抗日与坚持浙闽边三年斗争的回忆》一文，为日后研究和了解南方三年游击战争史提供了宝贵材料。

1938年7月，刘英主持召开中共浙江省第一次代表大会，他当选为省委书记兼统战部部长，同时被选为党的七大代表和浙江代表团团长。在他与浙江省委同志的共同努力下，仅一年多的时间里，全省先后建立起了6个特委和55个县委，党员数量发展到了2万多名，比抗日战争刚开始时

刘英与妻子丁魁梅于1940年秋在浙江丽水合影

增长了10多倍。浙江省委的工作得到了周恩来的肯定，他赞许道：在东南战场上，浙江是站在前进的地位，是值得其他各省仿效的。

在腥风血雨中，刘英与丁魁梅的爱情之花非但没有凋谢，反而开得越发灿烂。1939年10月16日，他们正式举行了婚礼。战友们用稻草编织垫褥，铺设他们的婚床，简朴又甜蜜。那天，刘英给岳母及诸兄写了一封家书，信中承诺："我俩从此结合，定能本着互尊、互勉、互谅、互助之精神，结成牢不可破的终身伴侣，为抗战建国伟业共同努力！"这份新婚的诺言，两人至死未悔。刘英时常勉励妻子要革命到底，对妻子提出严格要求，他多次题词寄语妻子："站稳自己的立场，把握住事件的真理，任何麻醉欺骗与利诱均不能丝毫动摇我们的斗志与决心！""抛开一切动摇，准备一切牺牲，集中一切力量，一切的一切都应该服从于革命与战争！"夫妻俩一心扑在革命工作上，把自己小家的利益"放在整个事业的后面的后面"。女儿降生后，刘英对她非常疼爱，经常抱着她看了又看，亲了又亲，脸上泛着甜蜜的笑意。深夜工作久了，他就走过来瞧瞧女儿，于是便又有了精神。他对妻子说："我们有了革命的后代了。为了千千万万的后代，我必须坚持工作……"说罢又伏案工作起来。但不久后，刘英考虑到女儿太小，带在身边照顾会分散精力，长此下去，对革命工作难免有影响，于是便忍痛将幼小的女儿送回丁魁梅的娘家，托岳母抚养。

刘英给丁魁梅的题词

「生而为英，死而为灵」

皖南事变后，浙江局势更加险恶。1941年4月，刘英夫妇及省委机关的工作人员返回温州。5月，党中央任命刘英为中共中央华中局委员。7月，刘英任华中局特派员，负责闽浙赣三地区革命斗争，工作更加繁忙且危险。后来，谨慎起见，刘英自己找了一所新建的房子。这处房子尚未最后竣工，连门牌都没有，除刘英和丁魁梅外，没有第三个人知道。然而搬住新居的第八天，即1942年2月8日清晨，刘英外出工作，直到深夜也未归。两天后丁魁梅外出打听消息，才得知由于叛徒出卖，刘英被捕了。怀有身孕的丁魁梅强忍悲愤，决意亲自去华中局报告此事，并请求组织设法营救。随后，她立即将家里的秘密文件、电报密码、印章和中央领导同志的照片等一并忍痛焚毁，把省内各特委和华中局在上海的联络机关地址、姓名全部留下，放在棉被絮内带走。

刘英被捕后，国民党顽固派如获至宝，他们得意地认为："刘英在浙闽两省边境活动多年，今一旦被捕，胜俘敌

刘英的皮带和血衣

十万。"于是轮番上阵，对他软硬兼施。刘英却不为所动。在狱中，他写下慷慨诗句："十年征尘到如今，偷生弹雨息枪林。战死沙场堪自乐，囹圄室内何我分。"这充分表达了一个共产党人坚守的信仰和决心。两个多月里，敌人始终没能从他那里得到任何有价值的东西，恼羞成怒之下，于1942年5月18日，将刘英枪杀于永康方岩。"生而为英，死而为灵。念我烈士，万古垂青。"这首诗原是刘英为悼念在浙南英勇牺牲的烈士所写的，用来赞颂刘英崇高的革命精神和卓越的革命业绩，也非常贴切。后来，毛泽东深情地评价他："为人民

而牺牲，人民就会永远纪念他。"

刘英就义两天后，丁魁梅生下了他们的小儿子。失去丈夫的丁魁梅并未因此而倒下，在安顿好儿女后，她前往上海接手丈夫的工作，保证中央与浙江地区共产党员之间的联络。此后余生，她积极投身于中国的革命与建设事业。1949年，丁魁梅出席了第一次全国妇女代表大会，后随军南下，历任中共南京市委直属机关党委副书记、江苏省轻工业厅党组成员、轻工业局局长、浙江省轻工业厅副厅长等职。他们的一双儿女，也始终铭记父亲为了理想信念不畏牺牲、不懈追求的精神品质，在母亲的抚养下成长为栋梁之材。

"生而为英，死而为灵。念我烈士，万古垂青。"

罗亦农
和
李哲时
假戏真做生死恋

哲时,永别了!望你学我之所学以慰我。灵如有知,将永远拥抱你。

罗亦农 ｜ 李哲时

富家逆子

罗亦农，原名罗善扬，字慎斋，号振纲，别号觉，参加革命后改名亦农，意为既可以为工人服务，也可以为农民服务。1902年，罗亦农出生于湖南湘潭一户富绅家庭。他从小家境优越，受到良好教育，同情穷苦百姓，经常为穷人仗义执言。1916年，罗亦农考入美国人办的益智学校，并加入该校的学生自治会。在校期间，他参加了捣毁、焚烧日货的斗争，受到校方的严重警告，于是愤然退学。

五四运动爆发后，罗亦农不顾父母反对，只身来到向往已久的上海，考进一所中学。但因父亲不肯寄钱，他交不起学费，只能到一家报馆当校对。正是这份工作，让他接触到《新青年》《共产党》《劳动界》等进步刊物，对马克思主义有了初步了

因为革命，一对假夫妻变成真伴侣。然而，从相守到永别，仅仅104天。他们就是中国共产党早期重要领导人之一、第一位牺牲的中共中央政治局常委罗亦农和他的妻子李哲时。

解。不久，他与陈独秀结识，得到其赏识和指引。1920年，罗亦农入读上海共产党组织举办的外国语学社，并成为上海社会主义青年团的第一批团员。

1921年5月，罗亦农被派到莫斯科东方劳动者共产主义大学学习，成为中国班的负责人。同年冬，罗亦农由团员转为党员，后被任命为中共旅莫支部第一任书记、东方劳动者共产主义大学中国语言组书记，兼任中国班唯物论教授和翻译。

「上海暴动的创造者」

1925年4月，回到国内的罗亦农以中共中央特派员身份赴广州参加全国第二次劳动大会的筹备工作，会后担任中央驻粤临时委员会委员、广东区委宣传部部长，参与组织和领导了省港大罢工，并同国民党右派展开了坚决斗争。同年10月，罗亦农前往北方区委党校主持工作，为中国革命培养了一批急需的干部。

1925年12月，罗亦农调任中共上海区执行委员会（又称江浙区执行委员会）书记。此时的上海阴云密布，年轻的罗亦农却毫不胆怯，他毅然指出"革命的暴风雨是不可能阻挡的"，于是，提出了举行工人武装起义的主张。为此，他秘密举办训练班培训骨干，迅速恢复和扩大党组织。1926年5月，中共江浙区委决定成立以罗亦农兼任书记的军事特别委员会。他亲力亲为，为工人武装起义积极做准备。虽然先后两次起义均未成功，但他没有气馁，1927年3月，上海工人第三次武装起义终于取得胜利，罗亦农因此被周恩来赞誉为"真是上海暴动的创造者"。3月29日，上海特别市临时政府成立，罗亦农当选为委员。

四一二反革命政变后，罗亦农奉命撤离上海，担任中共江西区执行委员会书记。在随后召开的中共第五次全国代表大会上，罗亦农当选为中央委员。7月，罗亦农调任中共湖北省委书记。在武汉，他与李哲时相识。

上海特别市临时政府就职典礼出席委员合影，第一排左三为罗亦农

相互倾心

李哲时是位土生土长的武汉姑娘，1903年出生，少女时期就读于湖北省立女子师范学校。求学期间，她参加了妇女读书会和湖北女权运动同盟会，在斗争中逐步成长为进步学生中的骨干。1924年，李哲时毕业，后到武昌大学附属小学任教。1926年3月，李哲时加入中国共产党，随后受党的派遣，加入改组后的国民党，担任武昌大学附属小学国民党分部书记。她积极投身妇女解放运动，在任省妇女协会组织部部长期间，深入周边县市发展妇女协会，带领穷苦妇女与土豪劣绅作斗争。在李哲时等人的努力下，妇女协会得到极大发展，一度达到二三十万人，成为一支新生革命力量。

李哲时第一次见到罗亦农，是在一个形势报告会上。那天，她来到开会的场地，"只见报告人身穿浅蓝色短夹衣裤，一双脚踩在一条长凳上，讲得汗流浃背，前后衣服都透湿了"。他说，现在的革命已经到危险的关头，但只要大家团结一致齐心奋斗，一定能够渡过这一关。当时的武汉正处于白色恐怖之下，他的讲话使悲观的气氛一扫而空。李哲时一下子就对眼前这个斗志昂扬的小伙子心生景仰之情。激动之余，李哲时便向旁人打听他是谁。别人告诉她，此人正是省委书记罗亦农。

1927年8月初的一天，李哲时到省委机关向罗亦农汇报请示工作。罗亦农笑着对她说："你的具体工作待省委研究后再通知你。"几天后，李哲时接到通知，要她去担任罗亦农的秘书。为了安全，罗亦农化名赵先生，居住在汉口一间民房内。他在家里常常请客打牌，借以掩护在这里召开的会议。根据安排，李哲时扮作女主人住到罗亦农家里，机警观察，暗中放哨。

8月7日，在关系到党和革命事业前途与命运的关键时刻，中共中央在汉口召开紧急会议，罗亦农当选为中央临时政治局委员。会后，根据当时的情况，他主持制定了详细的鄂南暴动计划。不久，罗亦农出任中共中央长江局书记，代行中央职权，指挥湖北、湖南、江西等省的革命运动与党务工作。

繁重的工作担子全都压在罗亦农的肩上，既艰辛又充满危险。有一次，李维汉、瞿秋白、罗亦农等正在楼上开会，李哲时在楼下工作。不一会儿，罗亦农下来告诉李哲时，刚才他们发现对面的草地上有几个形迹可疑的人在徘徊，恐怕是特务。为保护机关，会议提前结束，李哲时主动掩护与会者从后门撤退。

几天后，罗亦农回来了，手上多了一台留声机。他一面打开留声机请她听唱片，一面说："你接受了一次很严格的考验，我很高兴，但也有点担心，心里总是想着你呢。它可以陪伴你。我买了几张唱片你听听。"罗亦农关怀的话语，使李哲时从内心涌出一股暖流。往后的日子里，只要罗亦农外出工作，回来时，都会为李哲时带来"惊喜"。"他在工作极端繁忙的时候，还从长沙带回党内同志送的和给我买的几幅湘绣。他又拿出一幅狮子湘绣，上面写了我们两人的名字。"这幅湘绣可谓意味深长，个中的含义不言自明。然而一时间，李哲时却不知如何是好："像我这样水平有限，不大善于言谈，又相貌平平，能力不是很强，只不过忠厚老实的人，有什么值得他来爱我？"罗亦农看出了她心里的顾虑，直截了当地向她表明了自己的心意："不，我心中只有你。我初次见到你时，就喜欢你。"慢慢地，两人越来越亲近。每当罗亦农空闲时，就与李哲时一起在黄昏时到河边堤岸散步，美丽的夕阳笼罩着他们全身，两个人很快坠入爱河。

「盛会难再」

1927年11月，罗亦农按照党的指示结束长江局的工作，与李哲时一起登上长江轮，赴上海参加中央临时政治局扩大会议。此次会议上，罗亦农被补选为政治局常委，同时担任中央组织局主任。

在上海时，罗亦农和李哲时住进了新闻路新闻里28号，他们将这里作为中央组织局的机关，李哲时扮成家庭主妇，与罗亦农正式生活在一起。长期超负荷工作，使罗亦农在莫斯科患下的胃病复发了。他腹部时常阵痛，吃不下东西，身体日见消瘦。即使这样，他仍然不顾李哲时的劝阻，通宵达旦地伏在桌前，一手顶着胃部，一手撰写文章。那个时候，李哲时喜欢画画，想到美术学校里学习，学成后既可以独立生活，也能为组织节省经费。这个想法得到了罗亦农的支持。她便考入了上海美术专科学校，学习国画。

1928年元旦前，罗亦农亲笔写了几十张由他们两人署名的请柬，邀请在上海的同志们前来聚会。元旦当天，瞿秋白、杨之华夫妇，周恩来、邓颖超夫妇，李富春、蔡畅夫妇，还有王若飞及中央秘书处的同志们都来了。

这既是一场上海革命者们迎接新年的宴会，又是对这对伉俪的新婚祝福。曾经的假夫妇变成了真夫妻。平日与罗亦农关系最密切的王若飞直至深夜客散之时，还在与罗亦农意犹未尽地交谈着。大家以为王若飞喝醉了，要去拉他。李哲时则悄声说："让他再待一会吧，盛会难再啊！"王若飞接过话头："大嫂说了，盛会难再啊！我们都不要走了，畅谈一个通宵吧！"

燕尔新婚，可严峻的形势却让这对新人无暇享受蜜月的甜蜜。很快，罗亦农就前往湖南、湖北一些县市农村，了解和研究农村工作情况。返沪后，又紧张地投入到党的六大的准备工作中。由于当时新的住处还没有找好，李哲时只能住校。4月8日，罗亦农与李哲时分别时，为她叫了辆黄包车，并付了车钱。李哲时上车后，不由自主地回头望了他一眼。不料，这一望竟成永别。

「最英勇的战士」

4月15日，因叛徒出卖，罗亦农不幸被捕，这是中共中央自武汉迁回上海后所遭受的第一次重大破坏。周恩来得知后，立即命令中央特别行动科组织营救，同时照顾好李哲时。此后几天，李哲时每天都更换住处，提心吊胆地等待着丈夫的消息。中央特别行动科想尽各种方法营救，甚至筹备了劫囚计划。但敌人已经知道了罗亦农的身份，提前将他引渡到龙华国民党淞沪警备司令部。在狱中，面对敌人的严刑拷打与威逼利诱，罗亦农始终坚贞不屈。6天后，罗亦农"身穿直贡呢马褂，灰色哔叽长袍，衣冠甚为整齐"，从容就义。

4月22日下午，接到消息的李哲时，匆匆赶到龙华文治大学马路口。在电线杆上，她看到了张贴着的枪杀罗亦农的布告，泪水和着雨水顿时倾泻而下。为了找到丈夫的尸首，她拖着沉重的双腿，好不容易找到刑场。只见草地上有一大摊血迹，血泊旁丢着一根贴在竹竿上的纸标，上面赫然写着"共党要犯罗亦农"。看到丈夫的名字后，李哲时两眼一黑昏倒在地。一对伉俪，就这样阴阳两隔。

第二天晚上，周恩来来看望李哲时，并交给她一张小纸条，上面是罗亦农最后的遗言："哲时，永别了！望你学我之所学以慰我。灵如有知，将永远拥抱你。"在生命的最后一刻，他的心里除对党的无限忠诚和对再也无法为未竟事业尽力的慨叹之外，也有着对妻子的无限牵挂和殷殷期许。

握着字条，李哲时边流泪，边向中央提出了三个要求：一、给她一支手枪，她要杀死叛徒为亦农报仇，为党除害；二、置办棺木安葬亦农同志；三、派她到莫斯科去学习理论。随后在党组织协助下，李哲时将爱人从刑场旁孤零零的坟中接回到已经安排好的地方。

罗亦农牺牲后，中共中央在《布尔什维克》杂志发表专文《悼罗亦农同志》。文中写道，"亦农同志被害了，中国无产阶级失去了一位最热烈的领袖，中国共产党失去了一位最英勇的战士"，"罗亦农同志的热烈的革命精神，可为中国共产党全党党员之楷模"，"他的死是莫大的损失"。

学你之所学

痛失爱人的李哲时在党组织安排下，于1928年5月赴莫斯科中山大学学习，其间列席了党的六大。1931年回国后任中共上海沪东区委委员和女工委员。后因种种原因，她被错误地开除了党籍。但她并未因此而颓废，始终牢记爱人"望你学我之所学"的嘱托，继续为革命作贡献。

抗日战争全面爆发后，李哲时带头组织湖北妇女战时工作团，为部队募集军鞋，还想方设法营救战时孤儿。1943年，李哲时在昆明加入中国民主政团同盟（后改为中国民主同盟），积极宣传、动员知识妇女及劳动妇女参加抗日爱国运动和反对国民党顽固派独裁的活动。1945年10月，她当选为中国民主同盟中央委员会委员，兼中央妇女委员会副主任和组织委员会委员。1946年，李哲时恢复党籍，后于1948年参加了国际妇女代表大会和亚洲妇女代表大会，次年出席中国妇女第一次全国代表大会和中国人民政治协商会议第一届全体会议。新中国成立后，李哲时改名李文宜，历任政协委员和常委、人大代表、劳动部办公厅副主任、全国妇联副主席、民盟中央常委和副主席等职。

在李哲时的一生中，罗亦农是她永远的怀念。晚年，她在一篇回忆文章的末尾写道："五十四年弹指而过了，我们的国家发生了巨大的变化。亦农同志为之献身的新民主主义革命事业早已胜利完成了。我们社会主义的祖国，正在向四个现代化的伟大目标进军。亦农同志如英魂有知，一定又会为之放怀大笑了：'哈哈！真是妙不可言！'他那高大的身影、爽朗的笑声，他那机警而沉静的神情、热情而幽默的性格……将永远地、深深地珍藏在我的记忆中。"

1997年5月，李哲时与世长辞。这位饱经沧桑的老人，终于在69年后重新回到丈夫身边，而这次他们再也不会分开了。

瞿秋白
和
杨之华
秋之白华鹣鲽情

6月18日,行刑的日子到了。刽子手要瞿秋白出来,他说:"等一会,我的诗还没有写完。"他把绝笔诗的最后几句写完后,坦然地走到中山公园凉亭前,昂首直立,面带微笑地拍了最后一张照片。

瞿秋白一家在莫斯科

才子革命家

瞿秋白与杨之华是中国革命史上一对著名的革命伴侣。在风雨如磐的革命年代，他们共同经历了血雨腥风的白色恐怖、异国他乡的艰难困苦、刻骨铭心的生离死别。"秋之白华"的爱情故事诠释出早期中国共产党人特有的爱情观：将个人幸福与革命事业紧密相连，无所畏惧、患难与共、坚贞不渝。

　　瞿秋白是中国共产党早期主要领导人之一，本名双，别名瞿霜、瞿爽，字秋白，1899年出生于江苏省常州府。幼读私塾，后入冠英两等小学堂。在常州府中学堂读书时，瞿秋白就开始关注和思考社会问题了。1917年，他来到北京，考入北京政府外交部立俄文专修馆。五四运动爆发后，瞿秋白被推为俄专学生代表，担任北京中等以上学校学生联合会评议部议员，他"抱着不可思议的'热烈'"投身到反帝爱国运动中。其间，瞿秋白曾两次被捕入狱。不久，他参与创办《新社会》杂志，积极撰稿呼吁社会改造，并加入李大钊发起的马克思主义研究会。这些革命活动对瞿秋白的人生产生了重要影响，促使了他的思想的最终转变。

从师生到情侣

1920年冬,瞿秋白以北京《晨报》和上海《时事新报》特派记者身份,赴苏俄实地考察,希冀能给苦难的中国"辟一条光明的路"。两年时间里,他撰写多篇文章,对苏俄的政治、工人组织、党的建设等做了系统阐述,还有幸多次聆听过列宁的教诲。作为当时莫斯科唯一的中文翻译,瞿秋白担任了东方劳动者共产主义大学中国班的翻译和助教。1921年5月,瞿秋白加入俄国共产党(布尔什维克)。1922年2月,瞿秋白转为中国共产党党员。陈独秀代表中国共产党到莫斯科参加共产国际第四次代表大会时,瞿秋白是他的俄文翻译。

1923年瞿秋白回国,到中共中央宣传部工作,担任机关刊物《新青年》《前锋》的主编和《向导》的编辑。他发表了大量政论文章,为党的思想理论建设作出开创性的贡献。他所翻译的《国际歌》的中文歌词也首次发表在《新青年》季刊上。其中,他选择音译"英特纳雄耐尔"这个单词,就是希望国人在唱到这个词的时候,能够和全世界的无产阶级发出同样的声音。

1923年6月,瞿秋白出席了中共第三次全国代表大会,并主持起草党纲草案。之后,与邓中夏等同志一起创办上海大学,担任教务长、社会学系主任等职,教授社会科学概论和社会哲学。翩翩风度加上满腹才华,他很快便成为上海大学最受欢迎的教员,很多学生都喜欢听他的课,其中就有杨之华。

杨之华,1901年出生于浙江省萧山县(今杭州市萧山区),自幼聪明,讨人喜欢,周围的人都亲昵地叫她"小猫姑娘"。这

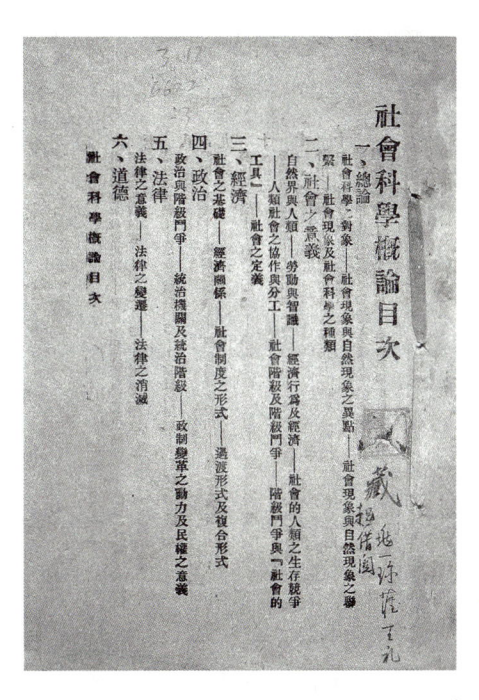

1924年,瞿秋白在上海夏令讲学会上的讲稿

位小猫姑娘极有主见，富于反抗精神。她不肯裹脚，坚持和哥哥一起读私塾。13岁时，开明的父亲把她送进浙江私立女子实业学校，后又入浙江省立女子师范学校读书。在学校里，杨之华接触到新文化运动和五四运动，她和同学一起办刊物、上街演讲。1920年初，杨之华到上海星期评论社工作，结识了一大批革命者。《星期评论》停刊后，她返回家乡，到衙前农村小学任教，并参与了衙前农民运动。为反抗封建礼教，她剪掉长发、下水游泳、上街骑自行车，一时轰动乡间。

年轻上进的杨之华内心渴望着更加广阔的天地。1923年夏，她考入上海大学社会学系，成为学生会负责人之一，课余时间，积极投身工人运动和妇女工作。在课堂上，杨之华与瞿秋白相遇了。杨之华清楚地记得那堂课的情形："当课堂里开始安静下来的时候，我看到秋白从人丛中走进课堂，走上了讲台。他穿着一件西装大衣，手上拿着一顶帽子，他的头发向后梳，额角宽而平，鼻梁上架着一副近视眼镜，与他脸庞很相称。他和蔼亲切地微笑着，打开皮包，拿出讲义和笔记本，开始讲课了。他的神态安逸而从容，声音虽不洪亮，但即使站在课堂外的同学也能听到。在他的讲话中，没有华丽的辞藻和空谈。同学们的水平参差不齐，他为了使大家明白，引证了丰富的中外古今的故事，深入浅出地分析问题，把理论与当前的实际斗争相结合。"

沉静、严肃、寡言，似乎不太容易接近，这是瞿秋白留给杨之华的最初印象。后来一个偶然的机会，改变了她的看法。一天，杨之华去向苏联顾问鲍罗廷介绍上海妇女运动情况，瞿秋白被请来为杨之华当翻译。在他的帮助和鼓励下，杨之华很快完成了汇报任务。她也因此对瞿秋白产生了莫名的好感："从这次工作接触后，我觉得他很诚恳，很愿意帮助别人。……他的热情，不是浮在表面，而是蕴藏在内心，只有当人们和他在一起工作时，才能深切感觉到这种热情的力量。"

这一时期，两个人在工作和学习中的接触越来越多。杨之华作为学生中的积极分子，其奔放的热情、出色的才能和温柔的性格都深深触动着瞿秋白。在向警予和瞿秋白的介绍下，1924年，杨之华加入中国共产党。与此同时，瞿秋白的工作也异常繁忙。他在广州召开的国民党第一次全国代表大会上，当选为国民党候补中央执行委员，此后又出任国民党中央政治委员会委员，经常奔波于上海与广州之间，处理问题、指导工作，并对国民党右派的反共理论和分裂阴谋展开深刻揭露和严正批判。

频繁的交往，互相的关心，不知不觉间，两人的倾慕之情也在悄悄发展。可面对瞿秋白炽热的情感，杨之华是矛盾的。因为这时的她不仅还处于婚姻中，而且已为人母。但丈夫沈剑龙与她的思想差异日益增大，两人早已貌合神离。经过认真的思考，杨之华决定和沈剑龙离婚。1924年11月，瞿秋白与杨之华正式结合。

鹣鲽情深

婚后，二人鸾凤和鸣，甜蜜异常。杨之华开朗活泼，富有生活情趣，瞿秋白温文尔雅，具有浪漫情怀，两人堪称天造地设的一对佳人。为了纪念他们的结合，瞿秋白在一枚金别针上亲自刻上"赠我生命的伴侣"7个字，送给杨之华。他对她说："我一定要把'秋白之华''秋之白华''白华之秋'刻成三枚图章，以示你中有我，我中有你，无你无我，永不分离。"对待杨之华的女儿，瞿秋白视如己出，为她改名瞿独伊。工作之余，常陪她玩耍，教她写字、画画。独伊从小就认为瞿秋白是自己的亲生父亲，总是喊他为"好爸爸"。

幸福的家庭组成了，两人却无暇陶醉在个人生活中，艰险的革命工作在等待着他们。1925年1月，在党的四大上，瞿秋白当选为中央执行委员会委员、中央局委员，之后参与领导了五卅反帝爱国运动和上海工人第二次武装起义，还创办了中国共产党历史上的第一份日报《热血日报》。

他在该报的发刊词中指出：创造世界文化的是热的血和冷的铁，现在世界强者占有冷的铁，而我们弱者只有热的血；然而我们心中果然有热的血，不愁将来手中没有冷的铁，热的血一旦得着冷的铁，便是强者之末运。

《热血日报》创刊号

与此同时，杨之华被选为上海女界国民会议促成会委员后，又担任了中共中央妇女部委员、上海各界妇女联合会主任、国民党上海执行部工人运动委员会委员、中共上海区委妇女运动委员会主任等职，其间参加了纱厂工人大罢工、五卅运动。他们在上海法租界的家，成了组织联络的交通站，任弼时、罗亦农、汪寿华等常到他们家中商量工作。1927年3月，瞿秋白调往武汉，杨之华留在上海继续做工运工作，参加了上海工人第三次武装起义。四一二反革命政变后，杨之华也紧急奉调武汉，与瞿秋白共同出席了党的五大。会上，瞿秋白成为中央政治局常委之一；杨之华则被推选为唯一的女性中央委员，后出任中共中央妇女部部长。

1927年8月，在中国革命命悬一线的危急关头，瞿秋白主持召开八七会议。会上通过了由他起草的《告全党党员书》，确定实行土地革命和武装反抗国民党反动派的方针，为挽救党和革命作出了重要贡献。会后，他成为革命低潮时期主持党中央工作的主要负责人。

1928年1月，瞿秋白先期前往莫斯科筹备召开党的六大，杨之华和女儿随后也来到莫斯科。夫妇一起参加了党的六大，并出席了共产国际第六次代表大会。之后，一家人留在莫斯科，瞿秋白担任中共驻共产国际代表团团长，后任共产国际执行委员会委员；杨之华进入莫斯科中山大学特别班学习，任党小组组长。为了便于工作和学习，他们狠狠心将女儿寄放到国际儿童院。那时，瞿秋白身体极度虚弱，莫斯科的物资匮乏，食品更缺，有时一连三个月只能吃到鱼，杨之华总是设法调剂一些副食品，让瞿秋白吃得好些。每当瞿秋白工作时间过长时，杨之华就在一边说些诙谐风趣的话，帮他松弛解压。一到周末，夫妇俩便去看望女儿。瞿秋白会给女

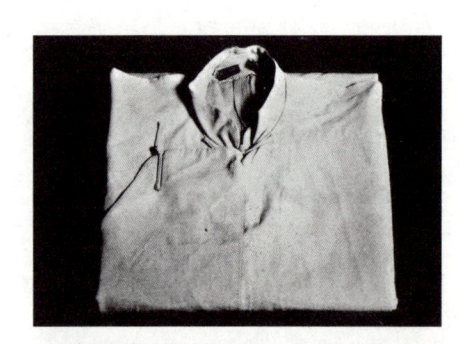

| 瞿秋白穿过的夹长衫和皮袍

儿带去爱吃的零食，和她痛快尽情地玩耍，杨之华则满足地陪伴在他们身边。这是一家人最幸福美好的时光——"笑声震荡在天空中，似乎四周的一切也都为我们的欢乐而喜气洋溢"。由于积年未愈的肺病，加之繁重的工作，瞿秋白再一次累倒了，不得不前往马林诺的列宁疗养院养病。在分离的一个多月里，瞿秋白给杨之华写去了一封封火热滚烫的情书，诉说着自己对妻子的思念与爱。

患难中相互依偎

1930年秋，瞿秋白夫妇回到国内。在第六届中央委员会第三次全体会议上，瞿秋白再次主持中央工作。杨之华仍任中共中央妇委会委员，后在中华全国总工会女工部工作。不久，因党内受王明路线统治的影响，瞿秋白被迫离开领导岗位，杨之华也受到牵连。

在那段最艰难的岁月里，他们的爱情经受住了考验，闪耀出更加圣洁的光芒。那时的瞿秋白什么都没有了，身体还极差，可杨之华对此毫无怨言，总是用似水的柔情和无微不至的照料温暖着他。他们生活很窘迫，除了微薄的稿费，几乎没有其他经济来源。杨之华包揽了一切家务，还要节衣缩食，省下钱来给爱人治病。为了让瞿秋白集中精力写作，杨之华就在家门口熬汤药，声称瞿秋白在养病，以免闲人打扰。在妻子的支持下，瞿秋白撰写了五六百万字的作品。杨之华也受到丈夫的感染，拿起笔开始翻译苏联革命文学作品，还试着把熟悉的工人斗争生活写成短篇小说。其间，瞿秋白积极参与领导了上海的左翼文化运动，在斗争中与鲁迅结成知己。为了摆脱敌人的搜捕，夫妇二人搬过很多次家，其中有四次就避难于鲁迅家中。三年里，瞿秋白和杨之华就这样相互扶持、相互鼓励，在患难中依偎前行。

瞿秋白赠鲁迅的题字

生命的永诀

1934年初，瞿秋白接到中央的通知前往苏区，杨之华因工作暂时无人接替未能同行。要与心爱的人分离，两个人的心情自然难以平静。临别之夜，杨之华在睡梦中不断醒过来，也不断地见到瞿秋白绕着她的床踱来踱去，或者坐在椅子上沉思抽烟，安静的夜并不能让他的心平静下来。快要天亮的时候，瞿秋白看见杨之华醒了，悄悄地走过来，低下头，指着书桌上的一叠书说："这是你要读的书。"他又把十本黑漆布面的本子分成两部分说："这五本是你的，这五本是我的，我们离别了，不能通讯，就将要说的话写在上面吧，到重见的时候，交换着看吧！"深夜11点，分别的时刻到了，两人依依不舍。快到弄堂口时，瞿秋白停下脚步，凝视着杨之华缓缓地说："之华，我走了！""我们还会见面的，但是这一次可能等待的时间要长一点。"杨之华目送着瞿秋白的背影渐渐消失在黑夜里。这是他们婚后的第六次离别，却不幸成为生命的永诀。

瞿秋白到达江西瑞金后，担任中华苏维埃共和国中央执行委员会委员、教育人民委员等职，负责苏区的教育兼文化工作。红军长征后，身患重病的他留守苏区，任中共苏区中央分局宣传部部长兼中央办事处教育部部长。1935年2月24日，瞿秋白在福建长汀突围时不幸被俘。后经叛徒指认，他的真实身份暴露。蒋介石闻讯大喜，立刻派人劝降，遭到瞿秋白严词拒绝。在狱中，瞿秋白时常回忆起与杨之华在一起的美好时光，深深地思念着她："我一直依傍着我的亲人，我唯一的亲人。我如何不留恋？"

6月18日，行刑的日子到了。刽子手要瞿秋白出来，他说："等一会，我的诗还没有写完。"他把绝笔诗的最后几句写完后，坦然地走到中山公园凉亭前，昂首直立，面带微笑地拍

瞿秋白就义前留影

了最后一张照片。他对刽子手提出两个要求：第一，不能屈膝跪着死，我要坐着；第二，不能打我的头。然后，他一路唱着《国际歌》《红军歌》，高呼"中国共产党万岁""共产主义万岁"等口号，来到罗汉岭刑场，盘腿而坐，含笑说："此地甚好，开枪吧。"

"我是江南第一燕，为衔春色上云梢。"瞿秋白的一生虽然短暂，但他始终忠诚于党的事业。毛泽东高度赞扬瞿秋白："他在革命困难的年月里坚持了英雄的立场，宁愿向刽子手的屠刀走去，不愿屈服。他的这种为人民工作的精神，这种临难不屈的意志和他在文字中保存下来的思想，将永远活着，不会死去。"

继续战斗

亲密爱人、战友的离去，让杨之华痛不欲生，曾经美丽的容颜，瞬间就变得憔悴苍老了。但她强忍悲痛，以自己的行动，继续丈夫未竟的事业。1935年受组织安排，杨之华第二次去苏联，参加第七次共产国际代表大会，会后担任国际红色救济会常务委员。然而在王明、康生的打击下，她再次受到了没有工作、没有组织、生活无着落的考验。1941年，杨之华化名杜宁回国，不料途中和女儿一起遭新疆军阀盛世才囚禁。她始终不屈，发动难友坚持斗争。直到抗战胜利，她才获救来到延安，先后任中共中央妇委会委员、晋冀鲁豫中央局妇委会书记。1949年，杨之华出席了第一次全国妇女代表大会。新中国成立后，她以丰富的妇女工作经验，历任全国妇联国际部副部长、部长，全国总工会女工部副部长、部长等职，为发展我国的妇女事业作出了杰出贡献。在党的八届十中全会上，杨之华

杨之华在中共八大上的发言稿

被选为中央监察委员会委员、候补常委。1973年10月20日，一生坎坷的杨之华病逝。

在人生的旅途上，瞿秋白与杨之华彼此依傍仅仅度过了生命的10年。10年虽然短暂，但他们始终相濡以沫，忠贞不渝。有人问杨之华，为何瞿秋白牺牲后不再婚，她这样回答："这并不是由于我封建，这是因为我感到再也没有人比秋白对我更好了。"

> "我一定要把'秋白之华''秋之白华''白华之秋'刻成三枚图章，以示你中有我，我中有你，无你无我，永不分离。"

田波扬
和
陈昌甫
与君携手共赴死

在刑场上，面对敌人黑洞洞的枪口，他们没有一丝丝的害怕，肩并肩携手一起迎接死亡。最后一刻，他们彼此眼中充满了鼓励、坚定，还有疼惜。他，从不后悔带她走上这条路。她，从不后悔随他走上这条路。

田波扬和陈昌甫

注定是天生一对

田波扬，字佐渠、佐储，曾化名易水、斯人，1904年出生于湖南省浏阳县一个乡村开明知识分子家庭。幼时进入提倡新学的琼瑞学校读书，后升入卓然高等小学。在学校里，田波扬不仅学习勤奋，而且小小年纪就志存高远，有着强烈的爱国心，他与同学组织宣传队，宣传"禁止仇货""戒牌禁烟""提倡妇女剪发、放足"等进步思想，很快就成了有名的进步学生，尤其深受国文老师的器重。在老师的引荐下，田波扬结识了同样在卓然就读的陈昌甫。

陈昌甫，字爱贞，1905年出生在浏阳县一个书香世家，大家都喜欢称她为"爱姑娘"。陈昌甫从小受到良好教育，通琴棋书画，有相当的艺术素养。她还跟祖母学得一手好针线活，会纺

"奶奶，爸爸妈妈怎么还不回来呀？"

"藕儿乖，等桂花开了，爸爸妈妈就回来了。"

然而春去秋来，院子里的桂花开了又落，落了再开，女儿最终也没能等到自己父母的归来。因为早在1927年6月6日，她的父亲田波扬就与她的母亲陈昌甫一同在长沙慷慨就义。

这对革命伉俪生死相随，许于彼此的不仅是爱情，更是信仰。

纱织布，尤其擅长绣花，是典型的大家闺秀，被家人视作掌上明珠。和田波扬一样，陈昌甫也是一个"另类"，虽出身富裕之家，却天性善良，同情穷人。

田波扬写出的一篇篇慷慨激昂、忧国忧民的文章，不仅深得陈昌甫长辈的喜欢，而且赢得了陈昌甫的芳心。两人情投意合，一见钟情。相同的理想追求与兴趣爱好促使他们互相学习，共同前进。两人的感情迅速升温，成为一对人人羡慕的情侣。

1921年春，田波扬与陈昌甫在田家祠堂拜堂成亲。结婚当天，田波扬在庭前亲手栽下一棵桂花树。从此，这棵树见证了他们之间的爱情，也见证了夫妻二人携手赴死的革命英雄故事。

"我要放出更强烈的火光线"

婚后，田波扬去长沙求学，陈昌甫因怀有身孕，便留在老家。在湖南私立楚怡工业学校，田波扬一边学习，一边如饥似渴地阅读马列著作和《湘江评论》《新青年》等进步书刊，与夏明翰、易礼容、郭亮、夏曦等志同道合的青年结为好友，一起加入长沙社会主义青年团，投身到轰轰烈烈的学生运动中。不久，为了更好地参加革命活动，田波扬转入课程较少但革命火种更加旺盛的兑泽中学。在那里，他如鱼得水，尽情发挥着自己的能力和才华。他联合浏阳的进步同学，组织成立浏北新民社。为了扩大革命声音，他还自筹资金，主笔创办了《新民》杂志，经常创作发表有启示意义的革命诗篇和文章。其中《我要》这首小诗写得铿锵有力："我要放出更强烈的火光线，照破人间世的虚伪和欺诈。我更要锻炼成尖锐的小刀，揭破人与人之间的隔膜。"犀利的诗句有着与他年龄不相符的成熟和坚定，透露出他的刚强与坚毅。而《橘子皮》《竹片子》等诗，则通过细节的描写，反映出底层百姓的疾苦。

1923年初，田波扬担任兑泽中学学生自治会负责人，并被选入湖南省学生联合会执行委员会，协助开展学生运动，声援长沙泥木工人和京汉铁路工人大罢工。在反日爱国运动中，他带领省工团、省学联组织的纠察队，日夜封锁码头，巡查商店，阻止日货输入。5月，田波扬通过党组织的考验，正式成为一名共产党员。

陈昌甫生下大儿子后，田波扬利用回家照顾妻子的机会，经常坐在床头给她读进步书刊，述说在长沙的所见所闻和乡下发生的变化，引导她走向革命。丈夫的讲述为她打开了一个新世界，陈昌甫的思想越来越开阔，革命的理论和沸腾的生活深深吸引着她。她抑制不住内心的向往，在田波扬的鼓励下，毅然跟随田波扬来到长沙，考入崇实女校。

在与丈夫的朝夕相处中，陈昌甫对他的事业有了更深入的认知，十分支持他的人生选择，很快便成为田波扬从事青年运动的有力助手。她会帮田波扬分发《新民》杂志，并邮寄给乡亲来传播革命真理，同志们都称赞她办事干脆利落，能力极强。那段时间，他们是最幸福的，既可以做自己喜欢的事，又能与爱的人相聚在一起，他们的爱情在革命斗争中淬炼得愈加纯洁、坚贞。不久，陈昌甫被吸收加入中国社会主义青年团。

1924年，田波扬受党组织派遣，回到浏阳北区开展农民运动和筹建农村基层党组织的工作，经过努力，建立起浏阳第一个农村特别支部。年底，他参与发动了长沙各校学生掀起的反对帝国主义文化侵略的运动。由于工作出色，1925年2月，田波扬担任共青团湘区委员会学生运动委员会总务委员，负责主持学生会的日常工作。这一年，五卅运动爆发，田波扬等人立即组织成立青沪惨案湖南雪耻会，发动工人、学生、市民罢工、罢市。当时全城戒严，到处是军警。

| 田波扬创作的诗词

刚刚生下小女儿不久的陈昌甫身体还十分虚弱，但她坚决要求和田波扬一起走上街头，冒着大雨，率领学生高举校旗奋勇前进，声援上海工人阶级的正义斗争。

"斗争中的真挚战友"

1925年6月，田波扬前往上海出席全国学生联合会第七次代表大会，当选为全国学联常务委员，负责湖南学区工作。自沪返湘后，他在兑泽中学修完中学课程，考入北京私立中国大学文科班。这一次，夫妻俩又分离了。陈昌甫为了减轻家庭经济负担，从事业上支持田波扬，选择辍学回到浏阳北乡，在党组织安排下从事妇女工作。在离开长沙的前一天，夫妇二人漫步在沿江道上。田波扬担忧地说："小孩还小，你困难不少啊！"妻子却满怀信心地回答："不要紧，这点困难我能克服，不要为我担心。"

一回到家乡，陈昌甫就背着幼小的孩子，在捞刀河畔、在马兰冲，走家串户，早出晚归，向妇女群众传播革命思想。听说生了孩子还去长沙读书的陈昌甫回来了，女人们一个个都感到新鲜，纷纷结伴来到田家，打听外面的世界。陈昌甫打心眼里高兴，搬出椅子，泡上茴香茶，面带温柔的笑容热情地和她们攀谈。她在家里办起识字班，一面教妇女们纺纱织布等一些生活技能，一面教她们识字学文化，同时讲授革命道理。就这样，田家宅院的堂屋一到晚上就热闹了起来，很多妇女都愿意来学习，原本不支持她的婆婆后来也主动加入到学习当中，成为学习积极分子。陈昌甫十分愉快地把这件事写信告诉了丈夫，而对自己带着孩子工作，辛苦劳累的情况却只字未提。她希望他安心工作，不要牵挂一家老小。在陈昌甫的领导和发动下，当地妇女群众的思想觉悟有了很大提高。

由于家庭经济不支，田波扬无力修完学业，1926年3月，不得不退学回到长沙，以兑泽中学教员身份作掩护，继续开展革命。北伐军入湘后，田波扬随军行动，沿途发动民众支援北伐战争。紧张的工作和战斗，使他路过家门而不得入。陈昌甫则每天带领着妇女慰劳队运药品、送军鞋，废寝忘食，也顾不上回家，这对恩爱夫妻仅在征途中见过一面。北伐军占领长沙后，田波扬就任国民党湖南省党部青年部部长,并兼任共青团湖南省委宣传部部长。

随着浏阳工农群众运动的空前高涨,陈昌甫也在革命洪流中迅速成长起来。她当选为区妇女联合会主任,带领妇女们清算土豪劣绅、贪官污吏,实行减租退押,禁止高利贷,反对封建陋习和虐待妇女的行为。田波扬看到妻子工作上的成绩,感到由衷的高兴,他与当地党组织负责人共同介绍陈昌甫加入中国共产党。1927年春,田波扬和陈昌甫一起来到县城,分别应邀出席共青团浏阳县第一次代表大会和浏阳县第一次妇女代表大会。

田波扬忘我的工作、突出的成绩,使他得以接任共青团湖南省委书记一职。组织将陈昌甫也调到长沙,担任共青团湖南省委通讯处的联络员,协助田波扬做共青团的工作。为了不影响革命,陈昌甫硬下心肠将两个年幼的孩子留在家乡,她在给父母的信中写道:"爸妈,健儿放田家,藕儿请母亲带。我要跟佐渠出去,你们不要阻我。"来到丈夫身边,她看到田波扬身体因为繁忙日益消瘦,很是心疼,便在完成自己的工作之余,经常深夜帮田波扬抄写文稿,分担他的辛苦。四一二反革命政变后,陈昌甫既为田波扬的身体担心,更为机关的安全忧虑。为了防止敌人的突然袭击,她常常彻夜不眠,担任警戒。机关的同志们赞扬他们夫妻俩是"生活上的亲密伴侣,工作上的革命同志,斗争中的真挚战友"。

「此志不移」

马日事变后,长沙陷入白色恐怖,正在武汉出席中共第五次全国代表大会和共青团第四次全国代表大会的田波扬不顾个人安危,匆匆赶回长沙。他化装成工人,乘坐一列运煤的火车,由陈昌甫秘密去车站接回。在最危急的时刻,陈昌甫一直陪伴在田波扬身边。夫妇俩冒着生命危险,四处奔走,号召青年团员、学生站起来投入战斗。当时身边的同志多次劝说他们暂时回乡下躲避风头,等待稍微安全的时候再回来主持工作。但是田波扬却表示:"斗争需要我留下,即使死了也值得。"残酷的斗争环境中,陈昌甫更加思念两个年幼的孩子。身为人母,夜深人静时,她时常想起一双儿女,满心愧疚。记得上一次回家时,藕儿哭着不让她走,她只能哄骗藕儿,"等桂花开了,爸爸妈妈就回来了"。

1927年5月30日晚,由于叛徒告密,田波扬、陈昌甫等在团省委秘密机关被捕。在狱中,田波扬受尽折磨,被竹签扎进十指,木杠压断双腿,七天七夜,他仍威武不屈:"头可断,血可流,此志不可移!""我走的道路是光明正大的,不需要悔悟!"敌人又将目标转向他的妻子,企图以夫妻之情来动摇他们,让陈昌甫代替田波扬在自首书上签字。但敌人万万没有想到,柔弱的陈昌甫看着丈夫奄奄一息的样子,虽然心如刀绞,却斩钉截铁地回答:"我宁可代替他死,但决不代替他叛党。共产党员是杀不绝的,血债一定要偿还!"残暴的敌人于是下令杀害这对年轻的革命夫妻。在刑场上,面对敌人黑洞洞的枪口,他们没有一丝丝的害怕,肩并肩携手一起迎接死亡。最后一刻,他们彼此眼中充满了鼓励、坚定,还有疼惜。他,从不后悔带她走上这条路。她,从不后悔随他走上这条路。牺牲时,陈昌甫已怀有五个月的身孕。

田波扬和陈昌甫就义后,中共湖南临时省委的同志和他们的亲属冒着极大的危险,将他们的遗体收殓运回浏阳。浏阳工农义勇队在长沙城外迎接灵柩,一路护送到北盛马兰冲,乡亲们将他们夫妻的遗骸合葬于田家祖屋后山一块坡地上。从此,青山有幸埋忠骨,桂花飘香慰英魂。

"我宁可代替他死,但决不代替他叛党。共产党员是杀不绝的,血债一定要偿还!"

王步文
和
方启坤
生死家书生死情

> 复苏爱妻，我为革命而死了，你不要悲哀，不要难过，应抚养爱生，以继予志……

安徽青运先驱

王步文，字伟模，从事党的地下工作时曾化名朱华、王华、王自平。1898年，王步文出生于安徽省岳西县。1917年，他考入衙前粹新高等小学，开始接触《新青年》等进步书刊，组织成立了以团结同学、砥砺学业为宗旨的乐群会，经常与同学切磋学业，纵谈国事。1917年秋，他因邀集乐群会同学反对学校当局擅自增收学费而遭开除。1918年，王步文来到当时的省城安庆，进入省立安庆六邑中学。安庆是新

| 王步文写给妻子方启坤的绝笔信

1931年5月31日，就在临刑前一小时，安徽省早期革命领导人王步文向狱警要来纸笔，从容地给妻子方启坤写下遗书："复苏（方启坤化名）爱妻，我为革命而死了，你不要悲哀，不要难过，应抚养爱生，以继子志。我的财产由你承继。"短短三十几个字的生死家书，没有豪言壮语，更没有对即将失去生命的恐惧，一句"我为革命而死了"平实而质朴，却彰显出革命家为了信仰，面对故人屠刀视死如归的豪迈与大无畏精神。离别之际，他向目送他的难友们高喊："同志们，共产党员是杀不完的……故人无可奈何，判了我死刑，让我的鲜血去浇灌自由之花吧！"随后慷慨赴死。

王步文

小学，向工人及城市贫民宣传马克思主义和反帝反封建思想，启发学员的觉悟。1921年4月，王步文等人在安庆发起筹建安徽第一个青年团组织——安庆社会主义青年团，成为安徽青年团组织的重要创始人。在他的领导下，安徽青年运动蓬勃发展。

思潮十分活跃的中心城市，在这里，王步文进一步接受了新文化运动的洗礼，立下"政治不良，从而革新之；社会不良，从而改造之""和民众团结起来，赶走帝国主义，打倒军阀，挽救危若卵石的中国"的远大思想抱负和奋斗目标，并表示"予决不一败而心冷，再败而心灰，终必达其志而后已"。

1919年五四运动爆发，王步文积极联络安庆各校学生举行声援活动，组织罢课和示威游行，迫使省长接受学生们的严正要求。因在斗争中表现出坚决、勇敢与非凡的组织才能，王步文先后被选为安庆学生联合会委员、安徽省学生联合会副会长。在五四运动的推动下，他参与创办了《黎明周刊》《安庆学生》《洪流》等进步刊物，影响极大。他和同志们还先后办起工读夜校、工商夜校和义务

英雄救美

在轰轰烈烈的学生运动中，王步文结识了革命伴侣方启坤。方启坤原名方秀英，1904年出生于安徽省安庆市。他们的相识缘于一场浪漫的英雄救美。一天，正在安庆一所平民学校读书的方启坤，和同伴在放学回家的路上遇到两个心怀不轨的日本人，吓得她们连声呼救。紧急关头，一名穿长衫的青年冲上前来，厉声喝道"放开！不许在中国的地盘上撒野！"，赶走了两个日本人。这位见义勇为的青年就是王步文，自幼习武的他拥有一套好拳脚，路见不平拔刀相助更是常事。从此，二人相识、相知、相爱。他为她改名方启坤，意即启迪妇女解放，站在时代的前列。

1923年，王步文先后加入中国社会主义青年团和中国共产党，成为中共安徽省党组织最早的领导者之一。同年冬，中共安庆支部成立，王步文负责组织工作。不久，王步文遭通缉后前往上海，进入上海大学社会系学习。这时，王步文与方启坤已经成婚。婚后，王步文对妻子关怀备至，方启坤也是全心全意地照顾和支持丈夫，跟随他一起来到上海，协助他的工作。为了鼓舞那些流亡在上海的安徽学生的斗志，王步文准备复刊《黎明周刊》，筹办平民夜校。但办报、办校都需要经费，他当掉了自己所有的东西，包括结婚时的西装和戒指。方启坤为了帮丈夫解忧，也毫不吝惜地拿出自己结婚时的金戒指交给丈夫去变卖，这让王步文深受感动。

致力工农运动

伴随着革命形势的发展变化，王步文受党组织委派，辗转各地从事革命活动。1924年冬，他回到安庆，参加恢复安徽省学生联合会和组织中国青年救国会的工作，并主持起草章程草案，后又以个人身份加入国民党，帮助国民党左派发展新党员。1925年6月，按照党组织安排，王步文东渡日本留学。他一面刻苦学习、钻研社会学，一面在旅日进步青年学生和华侨中宣传马列主义，与国民党右派及其在海外的反动势力展开坚决斗争。他还担任了中共东京特别支部委员及国民党驻日总支部常委、书记。1926年1月，他被选为代表回国出席国民党第二次全国代表大会和国民党中央及省党部执行委员联席会议。

1927年2月，王步文奉调回国，先在上海中共中央组织部工作，同时任国民党上海特别市党部组织部部长。他利用这一合法身份，经常深入基层作报告，发表演说，鼓吹革命。尔后，他又担任上海总工会青年部部长，秘密训练全国各地派来的工会干部和青年干部，为上海武装起义做准备。四一二反革命政变后，他潜往武汉，参与组织成立中共安徽省临时委员会，任委员并负责组织工作。不久王步文在安庆建立起中共怀宁临时县委，并任书记，后回到家乡岳西县衙前、响肠一带，组织农民斗争，并领导发动了安庆地区著名的一二·八暴动。1929年3月，王步文调任中共中央巡视员，到桐城、庐江等地巡视工作。在他的指导下，当地的工农群众革命运动蓬勃开展起来。9月，王步文又奉调上海中共中央高级干部训练班，负责教导工作。他利用"义兴茯苓行"作掩护，为党培训了数百名来自全国各地的干部。

相濡以沫

从1924年结婚到1931年丈夫王步文牺牲，在短短的7年婚姻生活中，方启坤理解丈夫、支持丈夫，从上海到安徽，从国内到海外，一路追随王步文，各处奔波。对此，她毫无怨言，自己也承担起党组织的联络、宣传和后勤等工作。即使他们的两个孩子在艰苦的环境中相继夭折，悲伤的方启坤也丝毫没有责怪过丈夫。1925年，方启坤在王步文的介绍下加入中国共产党。他们的爱情，虽然少了风花雪月，却多了并肩作战。在革命的道路上，夫妻二人相濡以沫，彼此从爱中汲取前行的力量。对于革命者来说，生活不仅颠沛而且时时充满危险，方启坤甚至曾经两度入狱。敌人抓到她后，一心想从她口中得到王步文的下落，先是每天好菜好饭拉拢她，让她"悔过自新"，后又将她关进死囚室，多次刑讯。方启坤始终坚贞不屈，无计可施的敌人判了她死刑，只因她即将分娩，死刑不得不延期执行。后经党组织营救，方启坤才脱离魔掌。

1930年9月，王步文回皖筹建中共安徽省委。次年2月，中共安徽省委在芜湖正式成立，王步文任省委代理书记兼宣传委员。1931年3月，王步文任首任中共安徽省委书记，领导全省开展各种形式的群众斗争，积极发展、积聚革命力量，巩固扩大皖西革命根据地。为了革命，他节衣缩食，经费一分一毫地省着花。因日夜操劳，王步文病倒了，但他仍然咬牙坚持工作，方启坤看在眼里疼在心上。为了给丈夫滋补身体，她拼命干些手工活，用平时帮别人织袜子赚下的钱买了一只老鳖回来。

1931年4月6日，王步文身体不适却起得很早，他要前往柳春园主持省委会议。当时白色恐怖异常严重，方启坤心里隐隐感到不安，担心丈夫遇险，就劝他不要出门，还将买来的老鳖在家里煨炖。一向节俭的王步文皱着眉头数落妻子："你是从哪里弄来的钱？革命经费千万不能乱花。"方启坤轻轻一笑说："放心，这钱是我帮人家打袜子挣来的。"听到这话,王步文皱着的眉头才放下来,随即动情地说:"启坤,真难为你了。"但他提出只留一小碗,其他的都送给夜校的孩子们,让他们也补补身子。随后,他不顾妻子劝阻,还是忍着病痛离开了家。临行前叮嘱她:"如果11点钟我没有到家,你记住撤掉联络暗号,做好转移工作。"

这一天,方启坤最终没有等到丈夫回来。原来在当天上午,王步文在主持会议时,因叛徒告密被捕,省委机关遭到破坏。

鲜血浇灌自由花

王步文被捕后,敌人成立了特别法庭,千方百计地想从他口里得到共产党机密。但封官许愿和残酷刑罚根本无法动摇王步文的革命意志,他严斥叛徒,勉励难友坚持斗争。方启坤去探监时,看到丈夫皮肉被烧焦、筋骨被打断,顿时肝肠寸断。坚强乐观的丈夫却交代她,妥为保管他编写的《社会运动辞典》一书稿费,切记"当(党)用则用,家里少用",暗示妻子将这笔稿费用到党的事业上。在生命的最后时刻,他仍然心怀对党、对革命事业的那份初心。方启坤含泪应承,后将150元稿费中的一部分转交芜湖党组织作为党费,剩下的部分用于救济难友家属。

方启坤想请蔡元培先生出面营救,丈夫却拒绝了。一向听话的她,这次却没有听从丈夫的安排,连夜乘船前往南京请求蔡先生帮忙。在蔡府,她夜里梦见丈夫只有8个小时的生命了,忍不住失声痛哭起来,一时惊动了蔡府老小。在大家百般劝解下,她才止住悲泣。然而不幸的事还是发生了,方启坤最后见到的不是丈夫,而是狱卒转交的丈夫的衣物和遗书,遗书上还盖着朱红的饮马塘监狱"检阅"印章。这封遗书她一直随身珍藏,直到去世。

王步文牺牲后,方启坤一时与党组织失去联系,带着一双儿女回到王步文的家乡。当地的恶霸乡邻欺他们孤儿寡母,逼方启坤改嫁。方启坤为躲避欺凌,又带着儿女远走他乡。她白天教书,夜晚帮人打袜子、织毛衣,含辛茹苦抚养孩子,艰难度日。直到1947年,她才终于找到岳西党组织,呈上自传请组织审查,并请党组织安排她继续为革命工作。

新中国成立后，王步文被追认为革命烈士，国家发给方启坤 600 元抚恤金，被她婉言谢绝。她告诫儿女：要努力工作，自食其力，不能要政府特殊照顾。她以身作则，积极投身社会主义建设，曾担任安徽省政协副主席。1985 年，方启坤病逝。按照她的遗愿，骨灰被安葬在岳西县烈士陵园王步文的墓旁，一对革命夫妻、生死伴侣，从此长眠在一起。

> "同志们，共产党员是杀不完的……敌人无可奈何，判了我死刑，让我的鲜血去浇灌自由之花吧！"

王器民
和
高慧根
五嘱妻子继遗志

他叮嘱深爱的妻子要"打起精神来继续我的遗志!",要引导儿子觉权"继续我的革命事业,勿致他堕落,跑反革命那条路上去……",信末更是反复强调"继我志呵!继我志呵!"。字字含血带泪,句句情真意切……

马克思主义的传播者

王器民，又名连斋，1892年出生于海南省会同县（今琼海市）一户贫苦家庭。自幼父母双亡，由姨妈抚养长大，靠亲友们的资助才得以进入私塾读书。所以他特别珍惜来之不易的读书机会，后来以第一名的成绩考入琼东县县立高等小学。1907年小学毕业后，年少的王器民担起养家重担，只身随乡亲乘船远涉重洋，前往新加坡谋生。在侨居南洋的

"为求主义实现而奋斗，为谋民众利益而牺牲。"

琼崖革命先驱王器民烈士在立志革命时曾经许下如此豪迈的誓言。为民死、为志亡。1927年7月，为实践这一誓词，他舍生取义，慷慨赴死。就义前，他在给妻子高慧根的诀别信中自豪而坦然地写道："革命分子如无肯牺牲，革命是没有成功的日子。我是为大多数人谋利益而牺牲，我的革命目的达到了。"

王器民

王器民在狱中写给妻子高慧根的绝笔信

数年中，他白天干活晚上读书，还在华侨中开办工人夜校，积极宣传孙中山的革命思想。虽然当时的生活比较安定，但他思乡心切，1916年便毅然放弃拼搏多年的安稳事业回到国内。他随后考入上海水产专科学校，继而入暨南大学，后又转读上海大学。

在上海读书期间，王器民酷爱阅读进步书刊，用心研究社会问题，立志要改造中国社会。五四运动中，王器民等人为了揭发卖国政府和卖国贼的罪行，四处游行演讲，深入乡村演出爱国话剧，组织纠察队、宣传队等，发动群众，抵制日货。这场声势浩大的爱国运动不仅得到百姓的支持，就连反动当局派来镇压学生运动的军警都被他们的热情所感动，不肯动手逮捕学生，甚至加入他们的行列。

随着五四运动的深入，《新青年》《每周评论》等革命书刊相继传入海南岛内。王器民在海南地区党组织和革命武装创建人之一杨善集的领导下，用购置的一批进步书刊组织起书刊巡回阅览社，到琼崖各地向青年学生传播革命思想，成为琼崖马克思主义最早的传播者之一。

年少时，王器民就曾有志在家乡创办一份日报，"以为开通琼崖的利器"，无奈响应者寥寥，未能如愿。1920年夏，王器民与另一位琼崖革命先驱徐成章商议在海口创办《琼崖旬报》，以宣传革命理论，启迪民众的革命觉悟。因当时岛内环境险恶，他们决定先到别处设点，待政治光明后再回来。王器民被推选为编辑部主任，前往香港设立筹办处，后因经营惨淡，又缺乏新闻素材，报纸无法在香港生存下去。王器民等人又不得不回到琼崖再设筹办处，以发函给各县长及留学生、通函南洋各热心侨胞等方式认股、筹资。几经周折和努力，1921年4月7日《琼崖旬报》终于在海口正式印刷出版。

王器民主笔撰写了发刊词，明确提出：《琼崖旬报》以改造琼崖为宗旨，积极介绍"新潮流的文化""鼓吹革命，反对封建，反对土豪欺凌贫苦百姓，宣传破除迷信，提倡男女平等、婚姻自由"。王器民对办报倾注了一腔心血和热情，承担起办报的主要事务。他既是报纸的编辑，又要负责杂务，克服种种困难，以保证报纸的顺利发行。1921年，几名青年团员受中共中央派遣，先后来海南开展革命活动。王器民得知后，便邀请他们充当《琼崖旬报》的编辑和撰稿人，请他们"介绍欧洲最近社会主义学说""给琼崖人研究"，使得该报很快就成为宣传马克思主义的阵地。

革新琼剧，兴办教育

王器民才华横溢，还爱好琼剧，是个琼剧迷。但当时的琼剧中充斥着很多封建糟粕，王器民对此很是不满，就与徐成章等人一起组织琼崖优伶界工会，发起成立琼崖土戏改良社并担任编剧，创作和演出文明剧，帮助民间艺人革新琼剧，移风易俗，以戏剧形式开发民智。他思想敏锐又能下笔成章，被大家誉为"琼剧编剧能手"。他和著名艺人吴发凤创作和改编的《蔡锷出京》《孔雀东南飞》《恨海情天》《爱国女秋瑾》等一出出新编白话戏，深受观众喜爱，给琼剧艺苑带来一股清新空气，对当时闭塞的海南起了极大的启蒙作用。

为提高海南青年人的文化和思想水平，1922年1月，王器民应邀到琼东兴办教育，很快在全县范围开办起新型的中小学、半工半读的农工职业学校和宣传马克思主义的阅报社、俱乐部等。他在学校中注重提倡新文化，开展体育运动，并对在每年一度的学业考试中获优秀成绩的学生给予奖励。这一切对于启迪育人都有较大的促进作用。

"因国而忘家，为公而忘私"

经过革命斗争的洗礼，王器民的思想得到进一步升华。1922年，他加入了中国共产党，成为海南第一批共产党员之一。1923年，王器民到广州加入琼崖革命同志会，并按照党的指示加入中国国民党，投身于国民革命运动。他积极参与筹备出版琼崖革命同志会会刊《新琼崖评论》，该刊于1924年1月创刊。王器民在协助主任做好工作的同时，主动撰写文章，呼吁琼崖人民奋起自救，打倒反动军阀。1924年，党组织派王器民前往马来亚、新加坡等地进行联络和宣传，开展对华侨的工作。他在当地创办工人夜校，宣传革命思想，建立革命组织，大力动员华侨青年回国参加革命。

1925年，王器民自南洋返回国内后，受命到国民革命军第四军第十三师担任政治部主任。国民革命军出师北伐后，王器民随第十三师留驻广东江门市和西江一带，担负起保卫北伐大后方的任务。第十三师政治部在王器民的领导下，健全各级政治机构，开展政治宣传工作，发动人民群众支援北伐战争。他先后参加了省港大罢工和讨伐广东军阀的斗争，有力地支援了当地的工农运动。

在轰轰烈烈的革命生涯中，王器民的身边也站着一位同样优秀的女性。他的妻子高慧根，祖籍海南省琼山县（今海口市琼山区），是广东早期妇女运动的先驱，曾入广州农民运动讲习所第四期学习。1925年5月10日，广东妇女解放协会在广州正式成立。当年底，高慧根当选为该协会第二届执行委员。1927年，为了发动南路地区妇女参加革命运动，广东妇女解放协会先后派出高慧根等同志为南路特派员，到南路各地指导和组建妇女组织。1927年2月6日，高慧根在阳江县（今阳江市）首先组建起广东妇女解放协会阳江县分会，创办平民义学并担任校长。学校当时有学生数十名，学生的学习成绩都非常好。高慧根在当地工作表现得十分出色，有很高的威望，当她要回省里报告工作时，会员和学生们召开全体大会为她送行。

革命者的爱情是志同道合的理想。多年来，夫妻二人在革命道路上为了共同的信仰和使命同舟共济、并肩作战，却聚少离多，难以顾及自己的小家，真可谓"因国而忘家，为公而忘私"。

"继我志呵！"

四一二反革命政变后，第十三师的反动派在国民革命军中大肆搜捕共产党员和国民党左派，王器民不幸被捕，被关进江门市监狱。虽身陷囹圄，王器民仍同敌人进行了顽强的斗争。面对敌人的严刑拷打，他始终不屈不挠，严词痛斥敌人，并在狱中写下《冤墨》《磨筋录》两本书简，无情地揭露和批判了反动派叛变革命的罪行。

1927年7月初，王器民于广东江门英勇就义。6月28日，王器民给妻子高慧根写下一封绝笔信，表达了自己因多年革命而有愧于妻子的歉意："惟是对你很是不住，因为数年与你艰艰苦苦，我用全副精神为革命而努力，没有和你享过一日的安闲快乐的日子……你虽然体量（谅），而我终是觉得对不住呢。"他写道："亲爱的慧根！我和你做夫妻是生生世世的，在精神，不在形体……"在信中，他更给妻子留下五条嘱托，让她保重身体，悉心教育儿子，同时希望她能破除封建礼教，改嫁一个"有良心，富于革命性的男性"。

娇妻幼子，缤纷世界，王器民当然也有眷恋和不舍。但作为一名革命者，更不能舍弃的就是心中始终如一的理想和信念。他叮嘱深爱的妻子要"打起精神来继续我的遗志！"，要引导儿子觉权"继续我的革命事业，勿致他堕落，跑反革命那条路上去……"，信末更是反复强调"继我志呵！继我志呵！"。字字含血带泪，句句情真意切，饱含着革命烈士对尚未完成的革命事业的无限遗憾，以及革命到底、至死不渝的坚定初心。

> "革命分子如无肯牺牲，革命是没有成功的日子。我是为大多数人谋利益而牺牲，我的革命目的达到了。"

王孝和和忻玉瑛

永诀妻女笑赴死

当妻子来探监时,看到他伤痕累累、血迹斑斑,行动也很艰难,不禁伤心欲绝,王孝和就在信中安慰妻子:"我知道今天最使您痛心的是我脚上铐了一副镣,因为我见您总是注意着我的脚,可是我得告诉您这是这里的规矩,不久就会解去的,同时习惯了也没有什么……"

|王孝和与忻玉瑛

工人运动的优秀代表

1924年，王孝和生于上海一个船工家庭。他自幼学习刻苦，14岁时考入上海励志英文专科学校，接受了进步思想，并受到党组织的培养。1941年5月，年仅17岁的王孝和加入中国共产党。入党后，他曾写过一首小诗以自律："守纪律，组织利益第一。D（党的隐称）的秘密不得疏忽轻泄。负责任，规定任务要完成。多计划，养成独立的能力。同志间，勤勉和批评相爱惜。"诗句虽朴实无华，却闪烁着一个青年人献身革命的信仰光芒。

1943年1月，王孝和以优异成绩考取美商上海电力公司，进入杨树浦发电厂，在电气控制室当运行值班工。工作中，他勤奋好学、待人和气，与工人们打成一片，成为他们的贴心朋友。他

1948年9月30日，中共地下党员王孝和被国民党上海高等特种刑事法庭宣判死刑，立即执行。听到这一结果，王孝和坦然大笑，这一幕恰好被《大公报》记者抓拍下来，留下了感动和震撼无数人的经典瞬间，也留给了他的妻子和女儿最珍贵的回忆。在法庭上，王孝和高声抗议："你们既没取证，我又没有律师出庭，弄得庭长无言以对。王孝和当众解开衬衣，露出身上血迹斑斑的伤痕，用英文向外国记者揭露国民党酷刑逼供。气急败坏的敌人赶紧把王孝和押往刑场，他一路高呼："特刑庭不讲理！乱杀人！"在王孝和正义的气势下，刽子手双手颤抖，竟然朝他连开了三枪，他才倒在血泊中。

还组织读书会，引领工友们接触革命思想，被推选为控制室工会组长。因为自己出生于工人家庭，深知工人的不易，所以他对于争取工人利益的事情特别积极。

1946年1月，上海电力公司爆发了九日八夜的大罢工，王孝和在其中做了大量工作，赢得工人们的信任和拥护，当选为上海电力公司工会杨树浦发电厂支会干事，负责工会的文化、组织和文书等工作。他在读书会的基础上，成立工人图书馆，为工会会刊写稿，承担别人不乐意做的所有烦琐事务，认为"我是工人选出来的。凡对工人有利的事，我都有责任去做"。在工会代表大会上，他顺理成章当选为常务理事，又被党组织委任为党团书记。

情定终身

年轻的王孝和一门心思扑到事业和地下工作上，一直没顾得上自己的终身大事。其实，王孝和11岁时，父母就为他与乡下的邻居忻玉瑛订下了娃娃亲。随着时光流逝，懵懂的忻玉瑛已经长成亭亭玉立的18岁少女。按照乡下规矩，忻玉瑛早已过了纳聘成婚的年龄，却迟迟没有收到聘礼，也没有王孝和的消息。后来忻玉瑛才知道，原来王孝和听人谣传，说她在乡下既信佛又嗜赌，追求革命的他就写信给表妹，大意是个人的终身大事不能由父母作主，就如一盘菜，你不喜欢吃而要硬吃下去也会吐出来，他想要退掉这门包办的亲事。好在，表妹接到信后并没有转告忻玉瑛。

双方家长都不同意解除婚约，忻玉瑛的妈妈就带着她到上海去找王孝和，住在了姑妈家。在父母的再三催促下，王孝和才硬着头皮答应与忻玉瑛见面。多年以后，忻玉瑛对两个人初次见面的情形记忆犹新。那天，王孝和穿着一件土黄色灯芯绒夹克，显得十分精神，他礼貌地邀请忻玉瑛逛街散步。他们从大世界走到跑马厅，一路上，王孝和问了她好多问题，诸如信不信佛，平时喜欢什么，等等。忻玉瑛没读过书，被问得脑子直发蒙，也没法理解这些问题的真正意思，只能一一如实回答。当问到乡下的局势时，忻玉瑛情不自禁地表现出对国民党残暴罪行的厌恶之情。或许正是因为这一点，王孝和放弃了退婚的念头，再也没有反对这桩婚事。

那一天他们谈得很投机，转眼就

到了午饭时间，王孝和请忻玉瑛到远东饭店吃了一顿中饭。忻玉英一直记得那顿饭点了四道菜，其中一个是蹄髈，蹄髈上还盖了一些草头。不过席间两人都不免有些拘束，那个蹄髈一动也没有动。饭后，王孝和一直将姑娘送回姑妈家，并且记下了姑妈家的传呼电话号码。往后的几天，他几乎天天打电话找忻玉瑛，又带她游览了大上海的风景。

经过多日的相处，忻玉瑛愈发喜欢这个仪表堂堂的小伙子了，王孝和感觉亦是如此。爱情的种子就这样在各自的心里发了芽，并渐渐长大。但鉴于当时特殊的工作性质，王孝和的婚姻要征求党组织的意见。一次约会，王孝和的领导就悄悄地在马路对面对忻玉瑛进行考察。他仔细观察后，对王孝和说："乡下姑娘好，朴实、单纯，对我们开展工作有好处，不识字更有利于我们的工作。"

就这样，忻玉瑛顺利通过了组织的考察。两个多月后，两个人结婚了。为了工作方便，他们在离发电厂较近的一处房子安了家。那时的他们真是一贫如洗。结婚时租房用的钱是向亲戚朋友借的，王孝和当新郎时穿的西装是向邻居借的，就连饭桌都没有，还是几个同事凑钱买了一张八仙桌、四把椅子送给了他们，甚至连酱油瓶也是向邻居要的。婚后，忻玉瑛把家里打理得井井有条，将王孝和每月的工资分成四份，一份还债，一份给婆婆，一份用于日常开销，还有一份用于陆续添置些必要的生活用品。生活虽然很清苦，但夫妻俩感情非常好，小日子过得甜甜蜜蜜，有滋有味。

王孝和从小学习英语，生活中时常会冒出点"洋气"，经常在下班后给妻子带一些小礼物，还教她写名字和门牌号。忻玉瑛也会每天在丈夫下班时间，准时到家门口迎接他。有时回来晚了，见妻子还在门口等，他就会很心疼地表示歉意。他时常对妻子说，我那么穷，你也肯跟我，我欠你的太多了，以后我会报答你的。

| 地下工作 |

结婚以后，让忻玉瑛不解的是，不仅常常有一批批人到他们家里来，而且都是夜里来，还在桌子上摆上一副麻将牌，看上去是在搓麻将。每到这时，王孝和就让忻玉瑛出去看着，说是防止

有人来抓赌。于是，忻玉瑛就听话地搬着小凳子坐在楼下的门口替他们望风。丈夫还会时不时地叫她外出送一些材料，接头的人各种各样，有的人拿一把锄头，有的人拿一块手绢，有的人不停地咳嗽。他们中的很多人都去过她家，但忻玉英并不知道他们叫什么名字，她也不问，只是默默地做好丈夫交代给她的事。她觉得丈夫是一个好人，是一个非常有本事的人，她为丈夫所做的一切都是心甘情愿的。

实际上，在不知情下，忻玉瑛已经受丈夫的影响，间接参与共产党的地下活动了。王孝和经常给妻子做思想工作，说穷人们要团结起来，单打独斗是没有用的，要推翻国民党的压迫。婚后第二年，他们有了大女儿。王孝和很疼爱女儿，每天上班前总要亲她一下，下班时又多了一个人在等他。开会时，忻玉瑛就抱着女儿坐在门口一直到很晚，妻子的默默支持给了王孝和从事革命活动的巨大动力。

1948年初，上海工潮、学潮迭起，国民党当局加强镇压，开列黑名单，大肆逮捕中共地下党员和民主人士。由于王孝和长期处于工人运动的前线，自然引起了国民党当局的注意。1948年4月19日夜，国民党驻厂特务来到王家发出最后警告，劝他

自首，被王孝和严词拒绝。之后，他冷静地销毁了关于党的资料，一些重要的文件让妻子帮他藏在阳台的洞里，再用泥巴封住。忻玉瑛感受到了气氛的紧张，哭着哀求王孝和为了家人赶紧跑。王孝和却轻声安抚妻子，平静地向她安排自己被捕后的事情，对她说："你奶水足，我抓进去以后你可以去做奶妈。小孩可以交给我妈妈去养。生活困难，家里凡是有的东西，五斗橱、衣柜都可以卖掉。我如果有一天能出来，会把这些东西都买回给你。"王孝和还特别强调"平常我让你做的事情、认识的人，绝对不可以讲出来"，并叮嘱如果他出不来，她还年轻，可以另寻忠实可靠的对象，只要将他们的女儿抚养长大。那天，他们忙了一个晚上，聊了一个晚上，也哭了一个晚上。

|含笑赴死|

两天后的清晨，王孝和像往常一样，向年轻的妻子和仅仅十个月大的女儿道了"bye-bye"后去上班，没想到这一去竟成永别。敌人抓捕了王孝和，并对他

王孝和在国民党法庭上

进行残酷审讯，在一次次酷刑中，他被折磨得死去活来，几次疼得昏了过去，但他始终回答"不知道"。敌人还把忻玉瑛叫到发电厂，让她将认识的人全部指认出来。忻玉瑛牢记丈夫的叮嘱，只指着去她家劝降的特务说："我就认识你，你经常到我们家来。"从而保护了厂里的地下党员。为了营救王孝和，在地下党组织支持下，忻玉瑛带着有孕之身，四处喊冤上告，甚至遭到监狱警卫的皮带抽打，一时激起民愤，迫使当局不得不改期执行对王孝和的死刑判决。

在五个多月的牢狱生活中，王孝和感到自己最愧对的人就是妻子，她跟着他没有过上一天好日子，无怨无悔地帮他做过那么多的工作，却连他真实的身份都不太清楚。他给妻子写了五十多封信，平均三天一封，每封家信都以"瑛我妻"开头，行文中多用"您"称呼妻子，可见王孝和对妻子的敬重。那些家信字里行间无不表达着他对妻女深深的爱与思念："光阴过得真快，我到这看守所已有足足一个月了，在这期间未悉您与阖家人等过得什么样？我无时不在想念……"当他得知妻子再次怀孕时，既高兴又担心："您自己的身体更应保重，因为不久您要做第二个孩子的母亲了，我已经告诉了我的难友们请他们吃红蛋哩！"

当妻子来探监时，看到他伤痕累累、血迹斑斑，行动也很艰难，不禁伤心欲绝，王孝和就在信中安慰妻子："我知道今天最使您痛心的是我脚上铐了一副镣，因为我见您总是注意着我的脚，可是我得告诉您这是这里的规矩，不久就会解去的，同时习惯了也没有什么……"牺牲前，王孝和分别给妻子、父母和狱中难友留下

王孝和被押送刑场

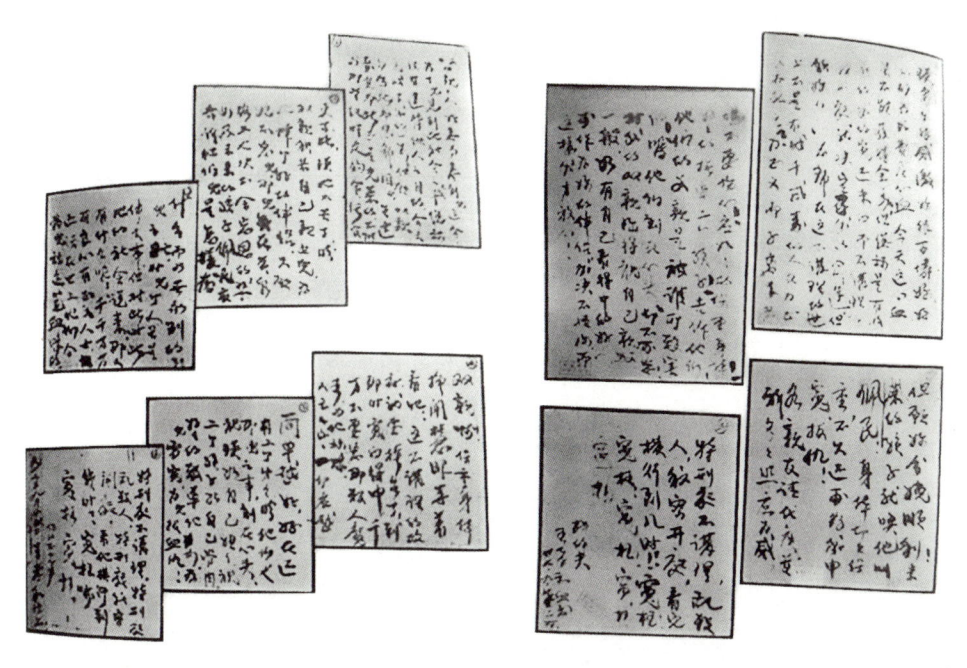

王孝和就义前分别写给父母和妻子忻玉瑛的遗书

三封遗书,号召战友们"为正义而继续斗争下去!前途是光明!",同时劝慰和嘱托妻子:"在这不讲理的世上,不是有成千成万的人在为正义而死亡,为正义而子离妻散吗?不要伤心!应好好的(地)保重身体!好好的(地)抚导两个孩子!告诉他们:他们的父亲是被谁所杀害的!嘱他们刻在心头,切不可忘……"

王孝和牺牲21天后,忻玉瑛在巨大的悲痛中生下小女儿。她按丈夫的遗愿,为女儿取名佩民。1949年,在王孝和的公祭大会上,忻玉瑛表示:"我过去是一个乡下女孩子,什么都不懂,后受了他的影响,思想逐渐转变,而且认为他所做的革命工作是对的,所以我也曾帮助过他工作。现在解放了,我要向大家学习,也要为大家做事,同时要好好抚养两个孩子,继承她爸爸的遗志。"此后,忻玉瑛没有跟组织提任何要求,她一边工作,一边学习文化,努力将两个女儿抚养长大,时刻教导她们要成为父亲那样为国效力的人。

1988年,在王孝和就义四十周年时,上海各界隆重集会纪念,江泽民同志为王孝和题词:"40年前,王孝和同志怀着对共产主义的理想,为中国人民的解放事业,英勇地献出了自己宝贵的生命。他不愧是优秀的共产党员，工人阶级的杰出代表。我们要学习他坚定的革命信念、无私无畏的革命精神、高度自觉的组织纪律性，为建设伟大的社会主义祖国而奋斗。王孝和永垂不朽！"

> "在这不讲理的世上，不是有成千成万的人在为正义而死亡，为正义而子离妻散吗？不要伤心！应好好的（地）保重身体！好好的（地）抚导两个孩子！告诉他们：他们的父亲是被谁所杀害的！"

王一飞
和
陆缀雯
不为时代落伍者

如果你我的爱情,不能在学问事业上互相勉励上进,总是抱歉的,至于我自己呢?自然也须随时努力。

1926年2月，王一飞与妻子陆缀雯合影

才华初露

王一飞，原名燕鹏，又名兆鹏，1898年出生于浙江省上虞县（今绍兴市上虞区）。1910年，王一飞考入绍兴山会初级师范学堂。1919年，受五四运动影响，他前往上海探索革命真理，从此走上了革命道路。1920年10月，王一飞进入由中共上海发起组筹办的外国语学社学习俄语，后加入中国社会主义青年团。1921年夏天，王一飞入读莫斯科东方劳动者共产主义大学，成为该校首批中国班学员。1922年春，他由青年团员正式转为中共党员。在中共旅莫支部领导下，中国班建立起中国社会主义青年团旅莫支部，王一飞与任弼时、华林轮流担任负责人。王一飞以好学上进、为人正派的优良作风，以及和蔼谦逊的性格，赢得大家的信任与支持。之后，他

1926年3月21日，蜜月刚过，王一飞就不得不与新婚妻子陆缀雯分隔两地，受党组织委派从上海前往汉口等地执行重要任务。之后，王一飞为了革命到处奔忙，夫妻二人聚少离多，但炽热的情感与共同的追求始终将二人紧紧联系在一起。

转至工农红军军事学院，系统接受军事学习。

值得一提的是，留学期间，王一飞显现出不俗的翻译才华，不仅担任了部分课程的随堂翻译，还在课余以"王伊维"之名翻译了《共产国际党纲草案》等多种马克思列宁主义文献。1924年7月，他以中共列席代表的身份，参加共产国际第五次代表大会，并担任中共正式代表的翻译。回国后，王一飞又译介了《新社会观》《马克思主义的历史研究观》《俄国共产党历史》等著作，是我党早期杰出的翻译家之一。

一生至爱

1925年，因国内革命需要，王一飞结束了留学生活，回国负责筹建中共中央军事部（1926年改为中共中央军事委员会）事宜，成为中共中央军事部的创建者和最早的负责人之一。之后，他代理中共上海区委书记，并兼宣传部主任，负责上海和江浙两省的党务工作，将党的组织活动纳入正轨。

工作期间，王一飞遇到了

王一飞留苏时穿的西装

自己一生的至爱陆缀雯。陆缀雯是位上海姑娘，出身于贫苦的劳动人民家庭，1925年加入中国共产党，后被介绍到上海区委机关做文书、交通联络工作。她对王一飞颇有好感，后来在回忆对王一飞的最初印象时，她写道："他对人诚恳，从不讲别人的坏话。修养性好，从不发脾气，很耐心。别人有缺点，他善于帮助克服，对自己却很严格。虚心好学，多才多艺。"

共事时间久了，两颗年轻的心慢慢靠近。1926年2月7日，他们在上海举办了一场简朴的婚礼，只请了几位亲朋好友喝几杯清茶，吃点糖果。两人没有置办一件家具，仅在区委机

王一飞在中央军委工作时用的相机

关附近租了个亭子间。这里既是他们的住所，又是中共中央军事部的秘密办事处。婚后，陆缀雯从区委调到中央军事部"守机关"，她的日常工作之一就是在租来的亭子间里，"从报纸上搜集军事情报"。

绵绵情书

甜蜜的新婚仅仅过去一个多月，王一飞就需外出工作。在长江的客轮上，王一飞难以抑制对陆缀雯的思念，提笔写下了第一封家书："骤然'离开我爱'，忽忽'如有所失'似的！虽然此次因校事而自动的（地）自愿的（地）且有理智的（地）别离，但终不能打消我私心的难受……"这里的"校事"是隐语，暗指革命和党的事业。接着他又激情洋溢地写道："但我们的生活是奋斗的，在动的状态中，如庸夫庸妇之终老牖下，寸步不出雷池者，不可能，亦不愿！"字里行间表达出自己不悔的革命信仰。

筹建中央军事部的工作千头万绪，王一飞频繁往来于上海、长沙、汉口之间。中央军事部成立后，王一飞担任军事部秘书，军事部的主要工作都落在了他的肩上。在紧张工作之余，每有空闲，他便要把绵延的思念交付纸笔："我每次回想我妹天真烂漫的态度，爱我的真切，使我感奋百倍。愿振作全副精神为校（指党）做事，俾有以付妹之爱！"书信不只传递着王一飞对妻子的思恋，也传递着他对妻子的期望，年长几岁的他是妻子在革命生涯中的引路人、战友。

在1926年8月13日的信中，他勉励妻子应好学上进，"以免为'女子''孕事''从前失学'所误，不为时代之落伍者"，要进一步"求正确新颖思想，谋相当技能"，消除"一切杂虑烦思"。希望妻子多注意学习政治，多读报，"这是我的希望，这就是我不愿把你关在门内，做一个简单的新式媳妇之用意"。同样，他也在激励自己："如果你我的爱情，不能在学问事业上互相勉励上进，总是抱歉的，至于我自己呢？自然也须随时努力。"

在丈夫的引导下，陆缀雯从一名普通的文书渐渐成长为中共上海地下党组织成员，担负起更多的责任。1927年初，因陆缀雯临近分娩，党组织安排王一飞从武汉返回上海。回上海后，王一飞担任中央军事委员会首任秘书长，紧张地投身于组织上海工人第三次武装起义的准备工作中。1927年3月21日，上海工人第三次武装起义爆发，王一飞作为南市区起义总指挥，与周恩来等一起成功领导了这次武装起义。

四一二反革命政变后，王一飞协助周恩来主抓军事工作。在中共第五次全国代表大会上，王一飞被选为中央委员。1927年5月，中央军委机关随党中央由上海迁往武汉，王一飞也到武汉开展工作，担任中央军委秘书长。半个月后，陆缀雯带着出生仅三个月的孩子也来到武汉。然而，夫妻聚首不到两个月，七一五反革命政变爆发了。王一飞只得将妻儿送出武汉，让他们回浙江老家暂避，自己则留下来坚持斗争。8月7日，他代表中央军委出席了中共中央在汉口召开的紧急会议。

会议当天晚上，王一飞止不住思念，在汉口一幢小楼的灯下，给妻子写去一封信："缀文（雯）我爱，半月来，只接得你从沪寓寄我的一函……于是就日复一日，等不到片语只言可见慰了。如此情况，怎能不使我念想？""我在外安好，你可勿念，我之归期，当在秋收决定。"信中的"秋收"二字，暗示着中央决定举行秋收起义，而王一飞将投入到这场斗争中。这封信字迹潦草，墨水也是临时凑用的红色，可见当时形势紧张、时间仓促。

会后，王一飞即被派往鄂北指导秋收暴动的准备工作。因为革命活动的秘密性，他只能用出差公干等暗语向妻子隐晦传递自己平安的讯息："我被上峰派往鄂北收税，大约需四五天路程，何时归来很难预定，且该处交通不便，恐怕以后不易常与你通信，以后信少，你可勿念。"虽然此次暴动未能实现，但为鄂北革命斗争的发展奠定了基础。

王一飞、陆缀雯参加上海工人第三次武装起义时运军火的皮箱

"秉着他的精神努力"

1927年10月，王一飞被任命为中共湖南省委书记，随后作为总指挥领导了长沙灰日暴动。暴动失败后，反动当局开始疯狂地在城内搜捕共产党员和革命群众。12月22日，面对白色恐怖，王一飞再次写信给爱妻，表达了自己坚定的革命意志："但是如此环境，对于我究竟益多害少。不然，我焉有今日！所以应当谢谢他们（指国民党反动派）才是！所以我劝你还是只顾大节，刻苦自励……"如果能够做到这一点，"奔波风尘，但心中甚安了"！两天后，王一飞又给陆缀雯寄去一封信，希望她带着不满周岁的儿子前来团聚，这样既能掩护党内地下工作的进行，又能照应家庭生活。陆缀雯接到信后，即刻启程赴往湖南，然而刚到武汉中转，她却接到了丈夫被捕的消息。

原来，因叛徒告密，1928年1月，中共湖南省委及长沙市委多处机关遭到破坏。1月11日，王一飞等省委领导同志在召开秘密会议时不幸被捕。被捕后，他化名陆崇文，以示对妻子陆缀雯的思念。当时正是严冬腊月，前来探监的同志见王一飞穿得很单薄，就对他说："下次我们给你送棉被和衣服来。"但他不愿牵累同志们，再三拒绝说："我不需要什么，再不要来看我了。"1月18日，年仅30岁的王一飞在长沙教育会坪从容就义。

王一飞牺牲后，周恩来派邓颖超向陆缀雯通报噩耗，并劝她莫要过于悲伤。当时邓颖超默默坐了一会儿，不忍启齿，便借故到隔壁罗亦农家。陆缀雯见邓大姐欲言又止，心中已有预感，就跟着上罗家要报纸，一张张细细翻看，但刊登王一飞遇害消息的那份报纸被罗亦农收起来了。陆缀雯又到瞿秋白家打听消息，瞿秋白夫妇

| 陆缀雯捐赠的王一飞照片

接待她坐下，六目相对，默默无言，瞿秋白从墙上取下许久未吹的洞箫，用苍凉悠远的哀音向陆缀雯传递了这个噩耗。

中共中央机关刊物为此特辟专栏载文："一飞同志的死，是湖南工农群众失掉了一颗明星，我们只有悲痛，只有秉着他的精神努力。"

此后，陆缀雯追随丈夫的步伐，继续为革命工作。周恩来为他们的儿子取名"继飞"，希望他秉承父亲遗志。多年以后，已是迟暮之年的陆缀雯，将王一飞留下的遗物和51封书信全部捐赠给国家。永远定格于这叠信纸上的两位革命者之间的甜蜜爱情和家国情怀，成为不断激励一代代后来人的最珍贵的教科书。

> "但我们的生活是奋斗的，在动的状态中，如庸夫庸妇之终老牖下，寸步不出雷池者，不可能，亦不愿！"

宣侠父
和
金婉琳

铮铮侠骨亦柔情

结婚十多年来,他们像很多革命夫妻一样东奔西走,聚少离多。对此,宣侠父深感歉疚。他把妻子、两个孩子安顿在新民巷3号,把自己那些简单的行李和铺盖也从八路军西安办事处搬了过来,一家人终于团聚在一起。

云挟氤氲上砚池，
挥毫漫赋定情诗。
一窗明月双人影，
两笔远山八字看。
鸟辞长林知日暖，
花骄上苑已春迟。
恍然如梦难追忆，
十五年前相见时。
耳鬓厮磨近一季，
东风融泄杏花天。
鸳鸯四六昏如海，
蝴蝶一双梦亦仙。
水逐浮萍成眷属，
鸦随雏凤自因缘。
登楼且莫愁杨柳，
我于封侯意淡然。

革命年代的爱情，有铁骨铮铮，也有柔情万丈。

1928年3月11日，是中共早期杰出的政治活动家、统战工作先锋宣侠父，与心上人金婉琳的订婚之日。他抑制不住内心的幸福与激动，在一块蓝色丝绸上挥毫写下一首定情诗送给未婚妻。

这首宣侠父写给金婉琳的诗缠绵悱恻、清新温婉，短短十数语，深情描述了两人相遇相处的美好时刻，爱情的甜蜜跃然纸上。

宣侠父写给未婚妻金婉琳的定情诗

被开除的黄埔一期生

宣侠父,又名尧火、侠夫,号剑魂,1899年出生于浙江省诸暨县(今诸暨市)。少年时他便聪颖好学,志存高远。1916年,宣侠父考入浙江省立甲种水产学校。1920年,以总成绩第一获准公费赴日本北海道帝国大学学习水产养殖。在校期间,受五四运动爆发与中国共产党成立的影响,宣侠父开始从事革命活动,因此被停止了公费待遇。1922年,他毅然回国投身到革命洪流中,次年加入中国社会主义青年团,不久转为中国共产党党员。根据党的指示,他在台州、温岭等地发展党员,建立起党的基层组织。

1924年5月,宣侠父受浙江党组织委派,考入国民党陆军军官学校(即黄埔军校)。在军校里,他各门功课成绩都很优秀,还担负起学生会工作,在同学中威信很高。军校成立国民党特别党部时,校长蒋介石被选为执行委员会委员兼监察委员会委员,但蒋介石擅越职权指定各党小组组长,并命令各党小组组长每周直接向他汇报工作情况和党内活动。宣侠父反对蒋介石的这种做法,上书校特别党部,要求根据国民党的组织法选举各党小组长。蒋介石闻知后十分恼火,对宣侠父严加斥责,限令他三日内写出一份悔过书。可宣侠父回答:"学生无过,故亦不悔。"于是,恼羞成怒的蒋介石开除了他。在真理面前寸步不让的宣侠父,愤然留下两句诗"大璞未完终是玉,精钢宁折不为钩",然后昂首跨出黄埔大门,头也不回地追寻自己的奋斗目标去了。

出色的政治工作

1925年初，宣侠父经李大钊介绍到冯玉祥的国民军宣传三民主义，其能力颇受冯玉祥赏识。10月，宣侠父随冯部开往甘肃。在兰州时，他参与成立了甘肃第一个中共组织——中共甘肃特别支部，并担任支委。甘肃是一个多民族的省份，民族团结工作尤为重要。宣侠父展现出卓越的统战工作能力，被藏族群众亲切地称为扎喜才仁。他帮助藏族群众成立了"甘青藏民大同盟"和"藏民文化促进会"，代他们起草《甘青藏民大同盟成立宣言》，后又为藏族群众撰写了《甘边藏民泣诉国人书》，揭发、控诉军阀马麒在甘南犯下的种种罪行。在他和社会各界的努力下，甘肃省国民政府最终在甘南设立拉卜楞设治局。

1926年五原誓师后，宣侠父帮助成立了国民党兰州市党部，并开办政治训练人员养成所，自任教务主任，为把这支旧军队改造成以国民革命为宗旨的新军队，做了大量教育和组织工作。1927年，冯玉祥将国民军联军改称为国民革命军第二集团军。5月兵出潼关，策应北伐。宣侠父被任命为前敌总指挥部政治部主任兼第三军政治处处长，同时还兼任战地工作团（宣传大队）团长，领衔中将，继续从事部队宣传政治工作。其间，他撰写了《国民军史概论》一书，深刻分析了国民军联军胜利和失败的原

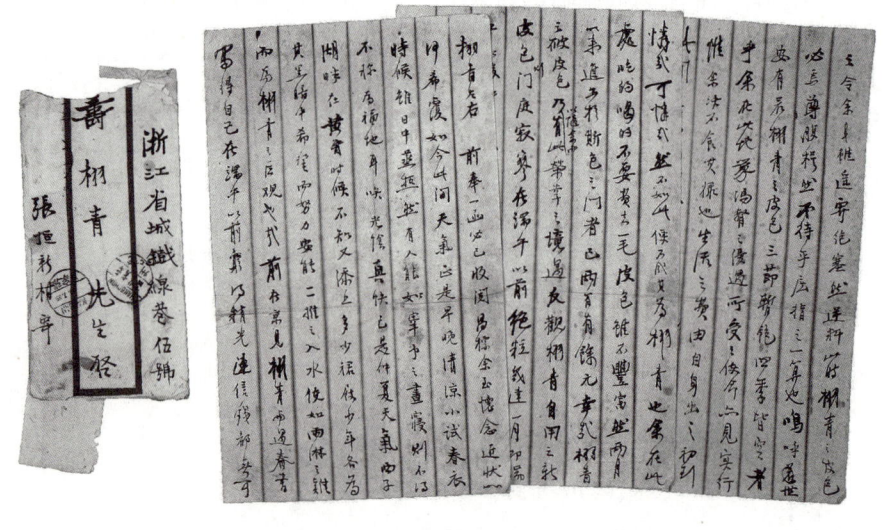

宣侠父写给友人的信，信中谈到了他在冯玉祥部的情况

宣侠父撰写的《国民军史概论》

收获爱情

因，全面总结了部队政治工作经验。不久，冯玉祥与蒋介石举行徐州会议，开始在部队内部"清党"，宣侠父等共产党员遭到驱逐。此刻，革命陷入低潮，宣侠父被党组织安排回家乡发动农民运动。

回到浙江诸暨县老家后，宣侠父走家串户，了解本县农民的生活状况和革命斗争情况。1928年11月，中共诸暨县委成立，宣侠父当选为县委军事部长，组织领导了全县的二五减租运动，并取得斗争的胜利。在如火如荼开展农民运动的同时，宣侠父也收获了纯真的爱情。

他心爱的姑娘名叫金婉琳（后改名为金铃），出生于党在诸暨县工作的中心地区金村，她的四哥金一新也是一名共产党员，与宣侠父是同学，宣侠父因而很早就与金婉琳结识。受到革命的熏陶和教育，金婉琳在严酷的革命斗争中逐渐成长起来。当能讲会写的宣侠父给金村的年轻人讲北伐故事、讲形势、讲革命道理时，她也是听众之一，宣侠父渊博的学识和革命者的气质深深吸引了她。对于宣侠父和金婉琳来说，革命和爱情的味道一样甜美，值得他们去咀嚼。

金母去世前，将女儿郑重地托付给了宣侠父，于是他们订婚后不到一年正式成婚。可甜蜜的日子还没来得及开始，婚后第二天就有人告密，得知消息的宣侠父不得不连夜避走他乡。当时的新娘金婉琳不仅要独守空房，还要担心新郎的安危。但作为一位革命者的妻子，金婉琳注定要跟随丈夫走上奔波的革命之路。

在随后的几年中，尽管夫妻二人不能时时相守，但金婉琳始终对宣侠父的革命工作给予了大力的支持和帮助。按照组织安排，1929年3月，宣侠父到他所熟悉的西北军梁冠英部开展兵运工作。冯玉祥获悉宣侠父在梁部从事革命活动后，立即电令梁冠英将宣侠父拘押。获释后不久，宣侠父来到武汉，他托人将妻子从家乡接来同住，夫妻才得以团圆。1930年底，宣侠父辗转回到梁部，此后又被委任为第二十五路军总参议和国民政府军事委员会中将参议。

能文亦能武

宣侠父博学多才，书法造诣极深，小说也写得很好。在武汉期间，他开始思考大革命失败的经验教训，痛定思痛之余，便以"今秋""石雁"为笔名，先后撰写了自传体小说《西北远征记》和长篇小说《入伍前后》，获得很高的评价。后来，他以"特别盟员"的身份秘密加入中国左翼作家联盟，帮助左联筹措资金开办湖风书局，出版《前哨》和《北斗》，为左翼文艺运动作出了贡献。他尤其擅长诗词，一生创作了多首诗歌，并以诗明志，表达出自己对革命的坚定信念。

九一八事变后，举国上下，同仇敌忾。1933年5月，冯玉祥成立察哈尔民众抗日同盟军，宣侠父受党指派担任中共前敌工作委员会委员，兼任吉鸿昌第二军政治部主任和第五师师长，并被推选为同盟军军事委员会常务委员。他与吉鸿昌身先士卒，冲锋陷阵，率领部队英勇奋战，先后收复了察哈尔北部的多伦、宝昌、康保等地，给日军以沉重打击，军心民心为之大振。二人也因此结下了深厚的革命情谊，在宣侠父介绍下，吉鸿昌加入了中国共产党。而此时蒋介石却下令对"不听话"的同盟军部队进行"围剿"。北平国民党宪兵三团甚至以莫须有的罪名将已怀孕的金婉琳投入大牢。在狱中，金

| 宣侠父给友人题诗

婉琳大义凛然、沉着机智地应对敌人的多次审讯，没有出卖丈夫，更没有出卖组织和机密。后经党组织营救，方才获得保释。

统战夫妻

1934年夏，宣侠父奉调上海中央特别行动科，前往遭受严重破坏的白区工作，金婉琳则担任特别行动科内部交通员，与他一起战斗。宣侠父化名杨永清，以《申报》记者的身份作掩护，搜集情报，同时进行上层人士的统战宣传工作。经历了革命考验的金婉琳，也成长为一名真正的革命者，1935年3月，她光荣地加入了中国共产党。由于上海形势日趋紧张，宣侠父数次遇险，活动十分困难，党组织决定调他去香港开展工作，担任中共华南工委书记，金婉琳也一同前往协助工作。他化名宣古渔，遵照党的指示，团结、争取李济深、陈铭枢、蒋光鼐、蔡廷锴等人成立了中华民族革命同盟，后又到广西相继担任广西绥靖公署上校咨议、重建的十九路军政治部主任兼六十一师参谋长、中华民族革命同盟梧州市委主任委员等职，

有力推动了两广势力反蒋抗日，打开了南方的抗战局面。

西安事变和平解决后，建立西安抗日民族统一战线的重任，亟待一位得力的同志来承担。1937年2月，宣侠父奉周恩来、叶剑英"速来西安"的电示，风尘仆仆赶到西安，到红军联络处工作，后被任命为国民革命军第十八集团军高级参议。在以往险恶的斗争环境下，他展现出雄才大略，屡建功劳，因此他的到来让周恩来很是放心。

为了在西安扎下来，更好地开展工作，宣侠父把妻儿接了过来。结婚十多年来，他们像很多革命夫妻一样东奔西走，聚少离多。对此，宣侠父深感歉疚。他把妻子、两个孩子安顿在新民巷3号，把自己那些简单的行李和铺盖也从八路军西安办事处搬了过来，一家人终于团聚在一起。

很快，宣侠父就适应了新的工作。他对卫立煌、胡宗南等国民党上层人士展开统战工作，同时还注重在广大民众中积极开展抗日救亡运动的宣传和组织工作，成果显著，卓有成效。工作中，夫人金婉琳成为他的得力助手，参与筹建了陕西妇女慰劳自卫抗战将士会。妇慰会成立初期，工作局面难以打开，金婉琳不禁情绪低

1937年，宣侠父一家在西安

「自由要用血争来」

宣侠父频繁的革命活动和卓越的统战工作能力，使国民党反动当局极为不安。蒋介石对这个历次站在反蒋激流风口浪尖的对手早已怀恨在心，当他看到军统西北区给宣侠父罗织的"罪状"时，愈加怒火中烧，咬牙切齿地说："每一次都有他！"遂下手谕指示："将宣侠父秘密制裁！"

1938年7月31日，宣侠父遭遇特务的埋伏后被杀害，年仅39岁的他用生命实践了"自由要用血争来"的宣言。几个凶手将他的遗体径直拉到下马陵军统特务别动队，投入一口枯井内，用土填平，后又趁夜间将遗体刨出，转移至城外东南方向某地掩埋。宣侠父失踪后，西安八路军办事处四处全力寻找。周恩来三次强烈要求蒋介石追查宣侠父的下落，逼得蒋介石没有办法，只得回答："宣侠父是我的学生，他背叛了我，是我下令杀掉的。"不幸的是，直到今天，烈士的遗骨仍未找到。

1945年，在中共第七次全国代表大会上，党中央专门为宣侠父等烈士举行了追悼会。这既是对宣侠父烈士英灵的告慰，也

落。宣侠父便开导她，还提出指导性意见，使妇慰会工作很快取得进展。在丈夫的支持帮助下，金婉琳积极动员广大妇女做军鞋、缝军袜，慰问伤病员，做了许多具体工作，他们的家实际上也成了妇慰会的联络点。党的统战政策在他俩的工作中得到充分体现，促使西安群众的抗日救亡运动空前频繁。

不幸的是，1938年春，他们年仅一岁多的小儿子因病夭折，金婉琳痛不欲生。在宣侠父的劝慰下，金婉琳决定离开西安到向往的延安去"真正地"革命一场。于是，金婉琳便带着女儿和妹妹告别了宣侠父。

是对国民党反动派倒行逆施，假团结抗日、真"剿共"分裂面目的大揭露。

得知宣侠父牺牲的消息时，金婉琳正在中国人民抗日军事政治大学第四期第二大队学习并即将毕业。她的精神几近崩溃，悲痛欲绝几日难以成眠，连眼泪都流干了。她后来说："我是以儿子的死举行的开学典礼，以丈夫的牺牲举行的毕业典礼。"但这位坚强的女性很快就振作了起来，她毅然接过丈夫的革命重任，独自抚孤，并坚定不移地追随革命，被誉为"模范的延安女性"。

1945年，金婉琳响应党中央号召，带着唯一的女儿，奔赴东北开辟根据地。1949年，金婉琳回到杭州，先后担任浙江省总工会副主席、省劳动局局长、宣传部副部长等职。1952年，女儿宣平赴苏留学。当时学校的航空专业只有宣平一个女孩子，她巾帼不让须眉，像父亲一样刻苦努力，几年后以优异的成绩毕业回国，献身新中国的国防工业建设。

"人民渐自梦中回，革命呼声惊似雷，同志如今须记取，自由要用血争来。"

方志敏
和
缪敏
弋阳依旧万株枫

我俩是世界上最幸福的人!
为了救可爱的中国,
为了美好的明天,
我俩甘愿赴汤蹈火在所不惜!

缪敏请人合成的夫妻"合影"

> 『共产党员——这是一个极尊贵的名词』

1927年6月，方志敏和缪敏在婚礼上致誓婚词：
我俩是世界上最幸福的人！
为了救可爱的中国，
为了美好的明天，
我俩甘愿赴汤蹈火在所不惜！

"方志敏，弋阳人，年三十六岁。知识分子，于一九二五年加入中国共产党，参加第一次大革命。一九二六——一九二七年，曾任江西省农民协会秘书长。大革命失败后，潜回弋阳进行土地改革运动，创造苏区和红军，经过八年的艰苦斗争，革命意志，益加坚定。这次随红十军团去皖南行动，回苏区时被俘。我对于政治上总的意见，也就是共产党所主张的意见。我已认定苏维埃可以救中国，革命必能得最后的胜利，我愿意牺牲一切，贡献于苏维埃和革命。我这几十年所做的革命工作，都是公开的，差不多谁都知道，详述不必要。仅述如上。"

"缪敏，弋阳人，年二十六岁，在一九二七年入南昌妇女职业学校。曾参加共产党。后再

（在）闽浙赣的时候，曾任过省文化运动科长、反帝拥苏联盟主任、省财政部秘书、妇女职业学校校长、女生指导员，我求学的历史很短，再（在）初小毕业后，共生男女四人，我大概的情形，就是这样。"

这是方志敏与缪敏在1935年被捕后先后写下的自述，短短几句，足见波澜，气节尽显。

1899年，方志敏出生于江西上饶市弋阳县漆工镇湖塘村，出生时正赶上兵变。17岁入弋阳高小读书，起学名为"志敏"，他重视学习中国经典，同时喜欢讲启蒙思想的中外科学书籍，阅读过赫胥黎的《天演论》、孟德斯鸠的《法意》等书。方志敏受新思潮的影响，知识渐开，思想激进，成为"黑暗的憎恶者，光明的渴求者"，并在学生中发起组织九区青年社。红十军的创建者与领导者之一的邵式平回忆，方志敏"文章写得好，能说能干，他在同学中就像一块大磁铁一样，群众很自然地都团结在他周围"。1919年，方志敏与弋阳高小师生一起响应五四运动，在校园和县城举行集会、游行，"一个青年学生的爱国，真有如一个青年姑娘初恋时那样的真纯入迷"，20岁的他在学校告示栏写下"我方志敏誓死打倒日本帝国主义"。

1920年，方志敏考入江西省立甲种工业学校机械科，为《捉贼》小说的争议写信给《觉悟》副刊主编邵力子。邵力子回信说方志敏的看法一针见血，并勉励他写些白话小说和诗歌，揭露社会的黑暗。1921年，方志敏考入南伟烈大学，阅读《共产党》月刊和英文版《资本论》《共产党宣言》后，开始钻研社会主义理论。1922年，方志敏在《民国日报》副刊《觉悟》发表《哭声》《呕血》，他写道："我为家庭虑；我为求学虑；我又为无产而可怜的兄弟们虑。万虑丛集在这个小小的心儿里，哪能不把鲜红的血挤出来呢？"同年7月，为加入中国社会主义青年团，同时想半工半读，方志敏启程前往上海，拜访了通信已久的邵力子。邵力子想象中他"应该是个三十以上的人，对社会和政治有相当的洞察力，一见面才知道竟是个刚二十出头的青年"。在上海，他见到了共产党员恽代英、张太雷等人，并加入了中国社会主义青年团。此后，他先后发表《谋事》《血……肉……》《快乐之神》《我的心》《同情心》等作品。1924年3月，经赵醒侬同志介绍，方志敏在南昌正式加入中国共产党。他在《我是个共产党员了》中写道："不管阶级敌人怎样咒骂污蔑共产党，但共产党终究是人类最进步的阶级——无产阶级的政党。"他发出誓言："共产党员——这是一个极尊贵的名词,我加入了共产党,做了共产党员,我是如何的引以为荣呵!从此,我的一切,直至我的生命都交给党去了!"

此后,方志敏在南昌与赵醒侬、邓鹤鸣一起,积极创建中共江西地方组织。第一次国共合作期间,方志敏担任过江西省农民协会常委兼秘书长、国民党江西省党部执行委员兼农民部部长等职,与赵醒侬、袁玉冰等战友一起领导江西农民开展了一系列反帝反封建的革命运动,创建了江西省第一个农民协会。1927年,方志敏当选为中华全国农民协会临时委员会执行委员,与毛泽东、彭湃等13人共同领导全国农民协会。

『志敏的「敏」字送给你』

缪敏,原名缪细姊,1909年生于江西弋阳县缪家村,1926年入南昌女子职业学校,翌年加入共产主义青年团,在中共江西省委的一个秘密机关从事交通员工作。就在这年,经邵式平及其夫人胡德兰介绍,她与方志敏相遇,缪敏在回忆中写道:"一九二七年方志敏同志任省农协秘书长,我们的恋爱在省农协。"

方志敏曾向友人谈及自己的择偶想法:"没有革命的志同道合,就没有共同的爱情思想基础,这样的爱情是不牢靠的。"这样的想法与他在江西省立甲种工业预科学校的经历不无关系。在校期间,方志敏与一个革命战友的妹妹感情深厚,一起来到南昌后,她逐渐被城市的奢华生活所诱惑,整日刻意打扮,贪图生活上的安逸,不再认真学习,进步学生的集会也不再参加,而是与城市中的阔公子、娇小姐混在一起。方志敏多次与她谈心未果,慎重考虑后结束了这段短暂的恋情。

1927年,缪敏走入了方志敏的生活。缪敏为人朴实坦诚,虽然进城几年，但依然朴素无华，她特别鄙视资产阶级少爷小姐矫揉造作的作风。在相处中，方志敏发现缪敏的思想积极向上，喜欢结交进步青年，看进步书刊，生活艰苦朴素，他为缪敏纯洁可爱和敢作敢为的个性深深打动，认为她能够成为自己革命道路上的真诚伴侣。缪敏对方志敏由最初的崇敬到后来的爱恋，在感情的发展和变化过程中，她一直以一颗少女率直质朴的心去对待。

1927年5月，方志敏与热恋中的缪敏游南昌东湖，同游的还有省农协书记丘倜。湖边垂柳依依，湖面洒满落日余晖，湖心之中，方志敏对缪敏讲起自己接受革命真理，决心献身革命的经过，缪敏低着头，手抚长辫，在听完事迹后腼腆地笑着请他们以后多帮助帮助自己。丘倜在《关于方志敏烈士的材料》中记载了这次游湖，方志敏提及自己的择偶观，"保持艰苦朴素的姑娘，不管怎样，她还是会跟你的，因此，我选择像缪敏这样的农村姑娘比较可靠"。

方志敏耐心帮助缪敏，要她写日记，并要求她每天给自己写一封信，还常常带她去参加省农协和其他的一些社会活动。在他的引导下，缪敏的政治觉悟和文化水平不断得到提高。经过一段时间的相处，二人的感情渐趋成熟。方志敏一身清贫，没有鲜花与婚戒，他说，将志敏的"敏"字赠送给你，作为订婚礼物，缪细姝从此更名为缪敏。这个"敏"字，紧紧地牵系着两颗高尚纯洁的心，在以后的征途上相伴相依，忠贞不渝。

四一二反革命政变后，白色恐怖迅速波及江西。方志敏在党的秘密机关——南昌市黄家巷工作，缪敏则担任他的交通员。缪敏在《纪念方志敏同志逝世十周年》中回忆道：志敏给她的信中写着"现在革命已到了严重时期，须要我们更大的努力，才能促其成功，所以我们要成为革命战线上一对勇敢战士"。缪敏读懂了"一对勇敢战士"含蓄的情义。

此时，恰逢全国农协秘书长彭湃来江西考察工作，他知道了方志敏和缪敏之间的恋爱关系，便说："志敏，你和缪敏应该结婚了。共产党人不是和尚，生离死别现真情，只有革命者才能做到。你有这么好的未婚妻，是你的福分。我来得早，不如来得巧，就让我当你们的证婚人吧。"

6月上旬的一个晚上，在秘密机关的二楼，中共江西省委罗亦农书记等人以打麻将为掩护，一面研究方志敏去赣西地区开展农运工作的方案，一面为方志敏、缪敏举行结婚仪式。证婚人彭湃献上一副对联，向这对新人表示衷心的祝贺：

拥护中央政策方缪双方奋斗到底
努力加紧工作随时准备流血牺牲

方志敏和缪敏，对组织和同志们的关爱表示感谢，并致婚礼誓词：

我俩是世界上最幸福的人！
为了救可爱的中国，
为了美好的明天，
我俩甘愿赴汤蹈火在所不惜！

新婚之夜，方志敏送给缪敏两件礼物作为纪念。一是将自己用的一支金笔相赠，希望她用这支笔，记下战斗历程。二是方志敏化名为李祥松，缪敏化名为李祥贞，二人作为兄妹，以化名秘密联络。李祥松，李祥贞，二人又共同用了一个"祥"字，代表吉祥如意，同生共死。对方志敏而言，缪敏已将最美好的礼物——一颗真诚的心赠予了他。

婚后第3天，缪敏在赣江岸边送丈夫去吉安开展农运工作。缪敏则受组织派遣，以李祥贞的身份在鄱阳城隍庙二号（县委秘密机关）工作。

"为了革命，不见"

1927年春，缪敏在江西鄱阳执行任务时，不幸被捕入狱。当时方志敏正在横峰领导农民运动，听到妻子被捕的消息，焦急万分。他派人秘密到狱中探望妻子，并给她捎去一封信，鼓励她坚持斗争。方志敏在《再到鄱阳》中写道："我妻因年幼，又无确证，在狱四十余天得释出。"而在营救缪敏的过程中，方志敏因无法公开真实身份，故以"女婿代表"的名义拜见了岳父岳母，安慰老人配合营救。待缪敏归家后，缪母方知代表就是女婿。

缪敏出狱后来到弋阳，又和方志敏一起并肩战斗了。这时，敌人以千余倍于农民暴动队人数的武装力量"围剿"弋阳、横丰地区。暴动队撤进山里，昼伏夜行，与敌人打游击战。方志敏、缪敏与暴动队员一起，头靠头地睡在山棚里，过着风餐露宿的生活，他们还以山棚为舞台，演唱文明戏，鼓舞士气。由于条件艰苦，缪敏头上生了很多虱子，等到下山后，方志敏带着几个小孩子一起为她捉虱子，成为一桩趣谈。1929年12月，他们的第一个孩子出生，取名方英，乳名柏崽。

方志敏在弋阳成功领导弋横暴动、创建工农红军，红军游击队发展为红十军团，达三四万人；深入开展土地革命，建立了信江革命根据地，逐步发展为赣东北革命根据地，覆盖30余县，成为当时全国六大革命根据地之一，被毛泽东誉为"方志敏式"根据地。

1934年，为反对日本帝国主义进攻，方志敏任北上抗日先遣军总司令，率军北上抗日，缪敏因怀有身孕，故留在地方打游击。临别前，方志敏对妻子说："眼下革命虽然遭受挫折，但困难只是暂时的，革命的前途是光明的，等打败日本强盗后，我一定回来接你。"北上途中，方志敏给缪敏捎来一封信，信中写道"你将在无线电广播中，得到我们胜利的消息"。然而这次分别后，夫妻二人竟再也没能见面。

1935年1月，方志敏不幸被捕，被囚禁于南昌国民党"绥靖公署"军法处看守所，敌人多次劝降未果。6月7日，缪敏产后第4天被捕，同样拒绝劝降，随后，方荣姊（方志敏的胞姐）、方英（方志敏的儿子）、方明（方志敏的儿子）3人被抓。7月底，方志敏收到一张报纸，是7月24日的江西《民国日报》，头版头条刊载着特大标题新闻：《横峰特讯——匪首方志敏之妻被擒经过》，报纸还配发了缪敏的头像照片。报上说：重病在身的缪敏被国民党军二十一师捕获；方志敏的胞姐方荣姊和由她带养的方志敏的儿子竹崽，一起被抓到横峰县与缪敏相见，三人的合影中，在每人的胸前挂上一个大牌子，分别写上"方志敏之妻缪敏""方志敏之胞姐方荣姊""方志敏之次子竹崽"的字样。

自方志敏被捕后，国民党软硬兼施，或以高官厚禄为诱饵，或以生离

方志敏在狱中

死别相威胁，丝毫未动摇方志敏的坚定信念。此份报纸又是军法处副处长钱协民劝降威胁的手段之一，钱协民提出将缪敏关押在南昌女子监狱，与方志敏所在监狱仅一墙之隔，只要方志敏例行一个倾向于国民党的手续，就可以见到妻子，方志敏断然拒绝。他曾说"处在事无两全的时候，我只有走死的一条路"，回囚室后，写下一封《给我妻缪敏同志的信》。而作为妻子的缪敏，与丈夫有着同样的信念与决心，虽仅一墙之隔，但他们彼此心中都藏着同一个声音"为了革命，不见"。

1935年8月6日，方志敏在南昌市沙窝英勇就义，年仅36岁。缪敏曾回忆说："我与他恋爱是在南昌，与他分别也在南昌。"

"可爱的中国"

方志敏被捕后，得知自己不会被立即枪毙，在牢笼之中克服重重困难，利用敌人给他写悔过书的笔墨纸张，开始秘密写作，在生命的最后7个月里，方志敏饱蘸心血地写下《我从事革命斗争的述略》《可爱的中国》《清贫》等16篇近14万字狱中文稿。狱中文稿经由多个渠道，几经辗转终于送达党组织的手中。

在《可爱的中国》中，他深情地写道："朋友，我相信，到那时，到处都是活跃的创造，到处都是日新月异的进步，欢歌将代替了悲叹，笑脸将代替了哭脸，富裕将代替了贫穷，康健将代替了疾苦，智慧将代替了愚昧，友爱将代替了仇恨，生之快乐将代替了死之悲哀，明媚的花园，将代替了凄凉的荒地！这时，我们民族就可以无愧色地立在人类的面前，而生育我们的母亲，也会最美丽地装饰起来，与世界上各位母亲平等地携手了。"

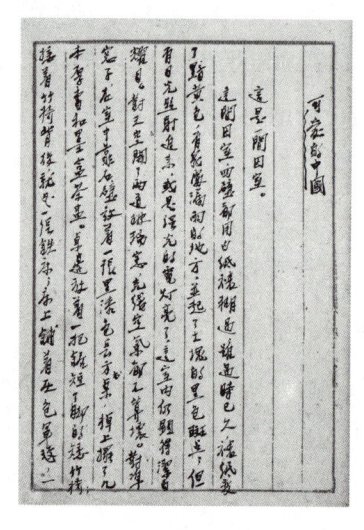

《可爱的中国》手稿

毛泽东看到方志敏的手稿，曾对汪东兴说方志敏在狱中的著作"是一个共产党员革命意志、情操和高尚人格的写照"。

方志敏牺牲后，党组织决定由中共中南分局书记项英同志保释缪敏出狱。缪敏出狱后，每到一处，都召开党员、革命骨干和开明绅士的联席会议，宣传、阐述抗战必胜的道理。她动员大家以满腔热情投身到抵抗日本侵略军的战斗中去，完成方志敏和先烈们未竟的事业。

1938年6月，经党中央批准，缪敏带着两个儿子到达延安。当他们来到延安杨家岭毛主席住的窑洞前时，毛主席亲自到门口迎接缪敏母子。毛主席问过缪敏的家庭和子女等情况后，不解地问："缪敏同志，你怎么用李祥贞的名字？"

"李祥贞是秘密工作期间，志敏同志为我取的。为怀念他我复用李祥贞这个名字。"

到延安后，缪敏先后担任了延安女子大学政治指导员、解放军二野华北七纵队供给部副政委、中央冀鲁豫二地委社会部副部长、解放军华北野战军第三医院副政委等职务，继续未竟的革命事业。新中国成立后，缪敏致力于从事对丈夫方志敏事迹的收集

毛泽东主席送给缪敏的笔记本上的题字

整理工作，先后撰写出版了《回忆方志敏同志》《方志敏战斗的一生》等书籍。在生活上，她坚守丈夫"清贫"的家风，多次婉拒组织上的照顾，1973年将自己积攒的两万元稿费全部捐献。

缪敏年轻时曾两度入狱，但她对革命的坚持和信念从未动摇。然而，在缪敏的心中，她与方志敏9年的婚姻生涯，一直留有遗憾。第一个遗憾是曾经为避免身份暴露，二人竟无一张合照。新中国成立后，缪敏请人将自己的照片与方志敏在狱中留下的照片拼在了一起，得到了夫妻的第一张合影。第二个遗憾是方志敏牺牲后，他被埋葬在何处一直无人知晓。直到1957年江西化纤厂在南昌下沙窝破土动工，工人们挖掘时突然发现了带有铁镣的白骨，经过当年的看守所代理

所长辨认，正是方志敏佩戴的那副铁镣，时隔22年方志敏的遗骸终于被找到，缪敏也了却一桩心愿。第三个遗憾便是丈夫在狱中所写的《给我妻缪敏同志的信》，一直未能找到，而这个遗憾一直伴随到了1977年缪敏去世。

"中国一定有个可赞美的光明前途。"如今，光明前途已成为现实，方志敏的不朽名句，仍激励后人不忘初心，继续前进。

> "共产党员——这是一个极尊贵的名词，我加入了共产党，做了共产党员，我是如何的引以为荣呵！从此，我的一切，直至我的生命都交给党去了！"

张朝燮
和
王经燕
丹心碧血伉俪情

我能吃苦,我能劳瘁,我能牺牲一切,我却只是不能忘掉你。

| 张朝燮 　　　　　| 王经燕

阶级的『叛逆者』

中共江西省委早期重要领导人张朝燮，字淡林，1902年生于江西省永修县。他的妻子王经燕，字翼心，又名玉如，与他同年出生，同为永修县人。张、王两家都是绅宦之家，家境殷实。二人自幼订婚，两小无猜，一起长大。1919年春节，两个17岁的年轻人喜结良缘，他们一起在院中的柿子树上，深深刻下了"连理"二字，以表达对爱情的忠贞。

婚后的生活原本可以一直这样"岁月静好"，但两人却抛弃了安逸与悠闲，毅然选择了另外一条道路。五四运动爆发时，正在南昌省立第二中学读书的张朝燮大为震动，他怀着强烈的爱国主义情怀，组织学生，冲破校方阻挠，参加了震撼全省的游行示威运动。暑假期间他与同

这又是中国革命史上一段从青梅竹马到患难与共，从相濡以沫到生死相随的红色爱情故事。张朝燮和王经燕，他们用短暂的人生书写了对党、对革命事业的无限忠诚。他们之间的爱情，在革命的火焰中绽放出无限绚丽的光芒。

学王环心等在永修县组织反帝爱国讲演团，走遍大街小巷宣传爱国思想。1921年，张朝燮等又在南昌江南会馆成立永修教育改造团，积极传播新文化。同年，毕业回到永修后，他与改造团的成员一起创办了含英、承德两所小学和云秀女校，自任教员，公开反对旧道德、旧礼教，提倡新道德，新文化。王环心是王经燕的堂兄，在丈夫和堂兄的鼓动下，王经燕勇敢地挣脱封建家庭的束缚，进女校读书，剪发放足，踊跃参加各种社会活动。在这里，二人琴瑟和鸣，一个孜孜不倦传播进步思想，一个如饥似渴吸收新思想、新知识，两颗年轻的心越走越近。

不久，张朝燮进入国立武昌高等师范学校社会科学系学习。他加入江西改造社，并负责发行江西改造社的机关刊物《新江西》杂志。在中共创始人之一李汉俊的引导下，张朝燮系统阅读了马列主义著作，于1923年加入中国社会主义青年团，翌年加入中国共产党。此时已有两个孩子的王经燕，也在丈夫的支持下，考入了南昌省立第一女子中学高中师范部就读。在学校里，她组织成立进步团体女青年社，加入江西青年学会，发动青年参加群众斗争。王经燕与生俱来的演讲能力，让她很快成为南昌学生界杰出的进步女青年。受丈夫的影响，1925年，她也光荣地入了共产党。从此，夫妻二人成为自己阶级的"叛逆者"，为了共同的信仰，在大革命的洪流中并肩战斗。

1925年初，张朝燮大学毕业后，受党组织委派担任中共南昌特别支部组织委员，不久创建中共永修小组，任组长。7月，国民党江西省第一次代表大会召开后，张朝燮当选为国共合作的省党部执行委员兼工人部部长，公开身份是中学教员。在南昌工作期间，他积极协助开展党的工作，从事工人运动，在各地建立起工会组织，成为江西工农运动的主要领导人之一。

鸿雁传书

正当张朝燮为革命奔忙之时，党组织决定选送王经燕等同志赴莫斯科中山大学学习。可那时的王经燕已是三个孩子的母亲，最小的还不满周岁，她的内心充满了牵挂与不舍，一时犹豫不决，于是写信给在南昌的丈夫征求意见。张朝燮接信后，立即从南昌赶回家，表示坚决支持她出国留学，让她服从组织安排。

1925年10月，王经燕与其他几名学员一起从永修县涂家埠火车站出发，踏上留学之路。临别之际，丈夫塞给她一个信封。上车后，王经燕打开信封一看，原来里面是张朝燮所作的一首《念奴娇·送别》。全诗没有送别的不舍与悲凉，相反却充满激情，激励她"猛进猛进，学成归来杀贼"。王经燕读完，不禁热泪盈眶。

在革命洪流面前，他们舍弃了长相厮守，各自奔向革命最需要的地方。自此后，两人远隔万里，鸿雁传书，他们将对彼此的深情随信寄往爱人身边。刚到苏联时，王经燕就因水土不服病倒了。病中的她，愁绪萦怀，愈发思念亲人，便忍不住给丈夫写信倾吐自己的思虑："淡林吾弟，姐在莫都思念你和孩子甚巨，染疾卧榻，心力交瘁……"

张朝燮接信后，立即回信劝慰和开导妻子，"对于年老的母亲，年幼的孩子，固然要挂念。而同时对于社会上一般受压迫的民众，尤其应该放在心头设法拯救"，"你要了解我们个人本身的利害是包括在被压迫民众的利害之中的。我们应以被压迫民众的利益灾害为利害，不能以个人私己的

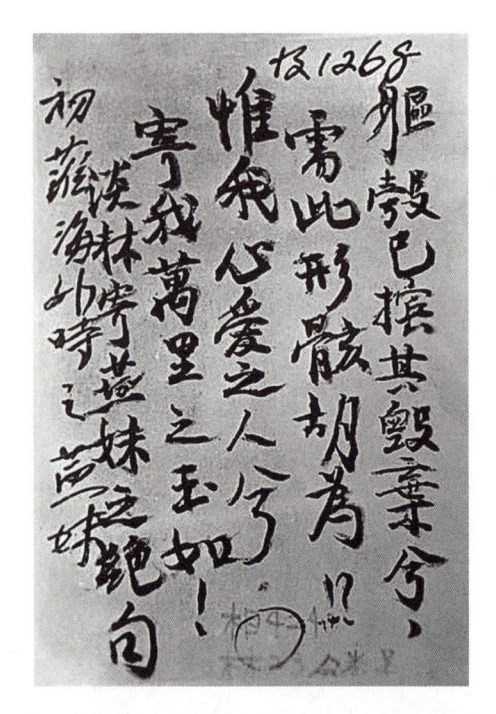

| 张朝燮在王经燕照片背后的题诗

利害为利害，个人的利害与民众的利害相冲突时，应该牺牲个人的利害"，鼓励她将个人利益放在后面，努力完成使命。

对于深爱的两个人来说，即使一分一秒的分别也是漫长的，只能通过一封封信件来缓解相思之苦。怕信件中途遗失，张朝燮还细心地给每封信都编了号。王经燕在信中说："你要晓得，感情并不妨碍工作的。因为工作的时候工作，得安慰的时候，还是要找安慰的，我觉得只有你能安慰我。"张朝燮回应道："我能吃苦，我能劳瘁，我能牺牲一切，我却只是不

能忘掉你。"为了支持妻子学习,张朝燮一个人在南昌,仅靠微薄的工资收入,抚养着3个孩子,还要接济在莫斯科学习的战友及其亲属,甚至"一贫如洗,负债七八十元"。

当他收到妻子从莫斯科寄回的照片时,一时百感交集,提笔在照片背面写下了《淡林寄燕妹之绝句》,"躯壳已摈其毁弃兮,需此形骸胡为?!惟我心爱之人兮,寄我万里之玉如!",表达了对分别一年多妻子的无限思念。他写下的《思念》——"约看月,来书言,七月十五月团圆。忧思两地煎。寂寞夜,晚风前,玉臂寒念应谁怜。飞梦到郎边",更是深切地诉说了他月圆人不圆的内心煎熬之情。

在互诉衷肠的同时,他们的话题更多的是对个人、家庭和社会问题的深入探讨,对革命事业的忠贞,对彼此的勉励。王经燕在去信中阐明了自己对革命牺牲的坦然,以及对真正爱情的理解:"虽然人人都知道牺牲是我们革命者所不能免的,我们革命的成功也就是由牺牲得来的,没有流血便没有成功之日……在真正的感情方面来说,实在只有在这个时候表现的才能看出他俩的爱情是真正的爱情。"

而张朝燮则在留给妻子的最后一封家书中写道:"就是我们的感情也要社会化,不要把对于私人感情的热烈,超过对于团体感情的热烈。""我们的特别关系是永久存在的,不过现在我们只能把它埋在深深的胸怀里。不然就要误了我们公共的使命。"质朴的语言和坚定的革命理想信念诉诸纸上,至今读来仍令人动容。

『我和你』

当时的江西,正处于北洋军阀的统治之下,国民党被认为是赤化党,张朝燮只能以"昼伏夜动,出没无常"的方式来从事革命活动。1926年7月,中共江西地方执行委员会书记赵醒侬遭逮捕,国民党江西党部等机关团体被查封。张朝燮侥幸脱险,被迫回到永修国民党县党部指导工作。他步行两千多里(一里等于五百米),足迹遍及全县每一个角落,夜以继日地在家乡播撒着革命的火种。11月,北伐军再度攻克南昌后,他返回省城就任公开成立的国民党省党部工人部部长,大力发动工人群众,建立工会组织，开展反帝反封建斗争。1927年，张朝燮担任中共永修支部宣传委员和国民党永修县党部组织部部长，参与领导全县的工农运动，还组织成立了农民自卫军常备队和自卫军义勇队，两支队伍发展到1万多人。

当革命形势急转直下时，身在莫斯科的王经燕对国内的局势和丈夫的安危十分担忧。此时的她经过学习锻造，革命意志愈加坚定。她写信鼓励丈夫："亲爱的同志，起来吧，我们共同地携手把资本主义社会上的一切障碍物和所有的一切罪恶，统统把它扫除，扫开一条新的光明道路，引导人们向那伟大的道路前进！这样才能救出一般歧途中的青年。我亲爱的同志，我们是特别负有这种责任的。"

很快，四一二反革命政变的血雨腥风就波及永修。4月15日，百余名反动匪徒包围了县党部驻地。危急关头，张朝燮挺身而出，报信求援，不幸中弹牺牲，年仅25岁。

王经燕惊闻丈夫牺牲的消息时，已完成学业，正整装待归，但终究是没能等到月圆人团圆之时。党组织考虑到她的情况，劝她暂时先留下来，但她想到丈夫生前"学成归来杀贼"的嘱托，便擦干眼泪，毅然决定回国战斗。

1927年11月，王经燕借道外蒙古艰难跋涉三个多月后终于回到祖国，在白色恐怖的笼罩下开始工作。她在任中共赣北特区委员会委员、永修县委组织部部长期间，积极协助县委书记王环心开展农村武装暴动的准备工作。不久，王环心夫妇被捕，王环心旋即遇害，党组织遭到严重破坏。

面对再次打击，王经燕深深地认识到"一个革命者的死，只是加重了我们生者的责任！"，慨然发出"欲志伤心唯努力"的铿锵誓言。在中共永修县委紧急扩大会议上，她临危受命，接任永修县委书记。会议决定革命斗争实行战略转移，由城镇转入农村，由平原转入山区，由公开转入地下。他们将县农民自卫军改编为永修游击大队，开展武装斗争，建立起革命根据地。为了恢复遭破坏的党团组织，王经燕和男同志一起翻山越岭，走村串户，寻找同志接关系，发展新党员。在他们的努力下，全县的党组织迅速得到恢复和发展，党员人数由革命低潮时的200余人增加到450余人。

1928年2月，王经燕调任中共江西省委秘书，后任代理组织部部长、组织部部长。她化名贺落霞，以家庭女教师的身份作掩护，秘密从事救济安置死难烈士家属和营救被捕战友等工作。同年5月，省委机关遭破坏，王经燕不幸被捕。敌人得知她的身份后如获至宝，对她使尽各种手段，企图从她嘴里撬出全省地下党组织名单。

在法庭上，王经燕慷慨陈词，把法庭变成了揭露敌人、宣传革命的讲演台，将法官驳斥得张口结舌、无言以对；在审讯室里，任凭敌人毒刑拷打，残酷折磨，她都宁死不屈，凭着对党的无限忠诚，始终没有吐露半点组织秘密。牺牲前，王经燕梦到了自己的丈夫张朝燮，她含着眼泪对前来探望的大嫂说："为了人类最崇高的事业，我愿舍去一切，现在，我别无牵挂，就是想念孩子们……"

1928年6月，26岁的王经燕高唱着《国际歌》，从容就义。

张朝燮和王经燕用自己的生命完美诠释了爱情与信仰。正如他们生前共同谱写的《我和你》中所写："这世界，因为我，才有了你，我们在一起两小无猜，以心相许。伟大的理想，共同的志向，让我们生死与共，我就是你。人世间，一十百千万亿。命运使我们今生相聚，携手风雨。坚定的信念，奋斗的勇气。我们相恋相爱，永不分离。啊，你不是你，我不是我。把你我的一切奉献给人民，生命才有意义。"

"
伟大的理想，共同的志向，
让我们生死与共，我就是你。
"

李大钊
和
赵纫兰
血许苍生泪许卿

李大钊终于入土为安，了却心愿的赵纫兰也在一个月后离开人世，两个人从此长眠在北京西山脚下……在这段革命年代最令人唏嘘的浪漫故事里，有福祸相依的相知，有荣辱与共的相守，还有彼此珍惜的相望。尤其是李大钊高举的旗帜，更是为他与赵纫兰的爱情添上了最后一抹革命的底色。

| 李大钊　　　　赵纫兰

福祸相依的相知

李大钊和夫人赵纫兰是包办婚姻。1884年，在河北乐亭县大黑坨村的一户富裕人家，赵家三女儿出生，取名"纫兰"。纫兰幼时，父亲为她订下一门亲事，对方就是小她五岁的李家公子李大钊。可惜李大钊的父亲英年早逝，母亲在他懵懂无知的年龄也因精神压力过大，撒手人寰。彼时李家上下只有祖父母以及李大钊祖孙三人。正如他后来在《狱中自述》中所说的："在襁褓中，即失怙恃，既无兄弟，又鲜姐妹，为一垂老之祖父抚养成人。"随着祖父年岁的增加，再加上李大钊正在求学，家中急需有人掌舵。1899年，年满15岁的纫兰嫁入李家，10岁的李大钊称纫兰为"姐"，而纫兰喊其乳名"憨坨"。

1907年，李大钊考入北洋

1927年4月，李大钊从被捕到被绞杀，一共经历了22天，在这期间，李大钊三易其稿，写下了《狱中自述》，讲述自己的革命历程，并两次深情回忆妻子赵纫兰支持自己革命的事迹。"在永平读书二载。其时祖父年八旬，只赖内人李赵氏在家服侍。""钊在该校肄业六年，均系自费。学费所需，皆赖内人辛苦经营，典当挪借，始得勉强卒业。"

法政专门学校，在学校中他接触到了前所未见的先进知识。尽管赵纫兰是文盲，并不理解这些复杂的"主义"，但她深知丈夫在为整个民族的未来而努力。李大钊奔走在革命事业的前沿，赵纫兰则做好了他坚实稳定的"大后方"。他们之间的感情沉浸于旧式的包办婚姻之中，却在并不漫长的革命岁月里升华成为相濡以沫的爱情。

李大钊曾说：两性相爱，是人生最重要的部分。应该保持他的自由、神圣、纯洁、崇高，不可强制他、侮辱他、污蔑他、屈抑他，使他在人间社会丧失了优美的价值。李大钊一生充分践行了他自己的这一观点。

1917年蔡元培到北京大学任校长后发起成立进德会，以不嫖、不赌、不纳妾为基本戒条，遵守这三个戒条而加入的称为甲种会员。李大钊一入北大即加入进德会，自认甲种会员。入会后，他严守戒条，言行统一，克己待人，被师生称道。1919年6月，被选为进德会的纠察员。

虽是包办婚姻，但李大钊对纫兰始终温柔体贴，不离不弃。在闲暇之际，就教纫兰读书认字，使得她能够"读懂《红楼梦》"。李大钊还热情地把纫兰介绍给到家里来做客的革命同志和青年。李大钊在大学里是教授、学者，可一回到家里就帮助妻子做饭、照料孩子，没有一点教授、学者的架子。李大钊常说：革命者对待爱情，不能像那些纨绔之人，当了官就另交朋友，发了财或地位变了就改娶老婆。

荣辱与共的相守

从1918年1月到1922年12月，李大钊担任北京大学图书馆主任。他利用宽松自由的学术环境，积极扩充宣传新文化、新思想的书籍，包括许多马克思主义的原著。两年的时间里，李大钊声誉日隆。1920年7月，北京大学评议会举行特别会议，决定向李大钊发出教授聘书。此后，他的月薪变成200元。

受聘为教授仅仅三个月之后，1920年10月14日，李大钊就入选了"商决校政最高机关"的北京大学评议会。从1920年至1923年，李大钊连续四年当选，且得票数逐年增加。这期间，李大钊积极参与北大校务的讨论和决策，对北大的改革和发展发挥了重要的作用。鲁迅曾回忆说，李大钊留给他的印象很好，"诚实，谦和，不多说话。

《新青年》的同人中，虽然也很有喜欢明争暗斗，扶植自己势力的人，但他一直到后来，绝对的不是"。

1922年12月，李大钊辞去北大图书馆主任之职，转任校长室秘书。1924年以后，李大钊专注党的工作，只保留了北京大学教授的职位。

从薪俸收据上看，李大钊在1926年的工资已达280元，远远超过1918年他担任图书馆主任时的120元。工资虽然涨了，但支出也更多了。在已知的早期共产主义者中，李大钊是每月资助革命最多的人。他经常倾家纾难，接济贫寒的青年和支持革命活动，以至学校发薪水时不得不预先扣下一部分直接交予他的夫人，以免家庭生活无以为继。很多时候，工资已经捉襟见肘，李大钊还继续写借条让人到北大会计室领取，发工资的时候再扣除。像这样接受过李大钊接济的贫困学生有刘仁静、曹靖华、乌兰夫等许多人。

为了同志，李大钊不仅仅捐款，连心爱之物也捐出来。1924年在莫斯科期间，时近寒冬，见罗章龙衣着单薄，李大钊随即取出自己所带毛毯送予罗章龙。罗章龙一再推辞，但李大

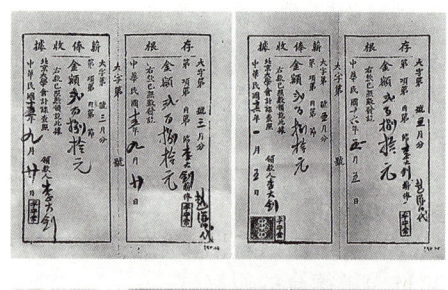

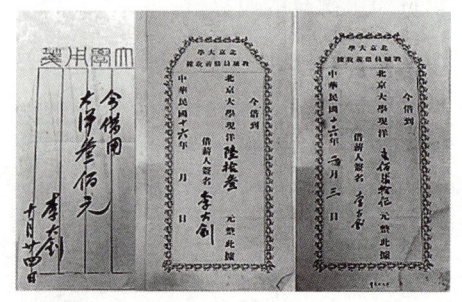

李大钊的几张薪俸收据和借款收据

李大钊《狱中自述》第三稿

彼此珍惜的相望

钊再三坚持。事后，罗章龙才知道这条毛毯跟随李大钊多年，上面有赵纫兰一针一线缝上的蔷薇刺绣和文字。

中国共产党成立后，李大钊代表党中央指导北方地区党的工作，在北方广大地区领导宣传马克思主义，开展工人运动，建立党的组织。北洋军阀政府视李大钊为心腹大患。1926年，三一八惨案发生后，段祺瑞政府严令通缉李大钊等人。为了躲避通缉，李大钊带着国共两党机关以及一家老小搬进了北京东交民巷苏联使馆旧兵营。在白色恐怖日益严重的情况下，他不顾生命危险，继续秘密地开展工作，使北方革命力量不断壮大。

1926年4月18日，张作霖进占北京后，加紧对共产党人及倾向共产党的革命者进行迫害。1927年4月6日，在获得帝国主义公使团的默许后，张作霖不顾国际公法，悍然派兵闯进苏联驻华使馆，经过疯狂搜捕，李大钊与妻子、两个女儿，连同国共两党北方领导机关人员和苏方人员共60余人被捕。

李大钊等人被捕后，被关押在北京西交民巷司法部后街京师看守所，在社会上引起极大震动。李大钊女儿李星华回忆说："在法庭上，我们跟父亲见了面。父亲仍旧穿着他那件灰布旧棉袍，可是没戴眼镜。我看到了他那乱蓬蓬的长头发下面的平静而慈祥的脸。'爹！'我忍不住喊出声来。母亲哭了，妹妹也跟着哭起来了。'不许乱喊！'法官拿起惊堂木重重地在桌子上拍了一下。父亲瞅了瞅我们，没对我们说一句话。他脸上的表情非常安定，非常沉着。他的心被一种伟大的力量占据着。这个力量就是他平日对我们讲的——他对于革命事业的信心。"

即使"无确供"，军事法庭仍不顾社会各界的强烈反对，于1927年4月28日上午10时当庭宣判，以"意图扰害公安、颠覆政府，实犯刑律之内乱罪及陆军刑事条例之叛乱罪"判处李大钊等20人死刑，宣判后立即执行。

李大钊等被押解至刑场。下午二时，宪兵营长高继武监刑，执行绞刑。李大钊首登绞刑台，视死如归，身着棉袍，从容淡定地在敌人的镜头前留下最后一张照片，年仅38岁。

第二天的北京《晨报》披露："当日看守所马路断绝交通，警戒极严。军法会审派定东北宪兵营长高继武为监刑官，在所内排一公案，各党人一一依判决名次点名，宣告执行，由执刑吏及兵警送往绞刑台。闻看守所中只有一架，故同时仅能执行二人，而每人约费时18分始绝命，计自2时至5时，20人始处刑完毕。首登绞刑者，为李大钊，闻李神色未变，从容就死。"

与李大钊同时就义的还有路友于、邓文辉、张挹兰等19名烈士。为了共产主义事业、为了中国共产党的事业，李大钊早就做好了牺牲的准备。

李大钊牺牲当天，妻儿被释放回家，当时她们还在极度不安中苦等李大钊归来。第二天清晨，赵纫兰从报

| 就义前的李大钊

| 李大钊就义的绞刑架

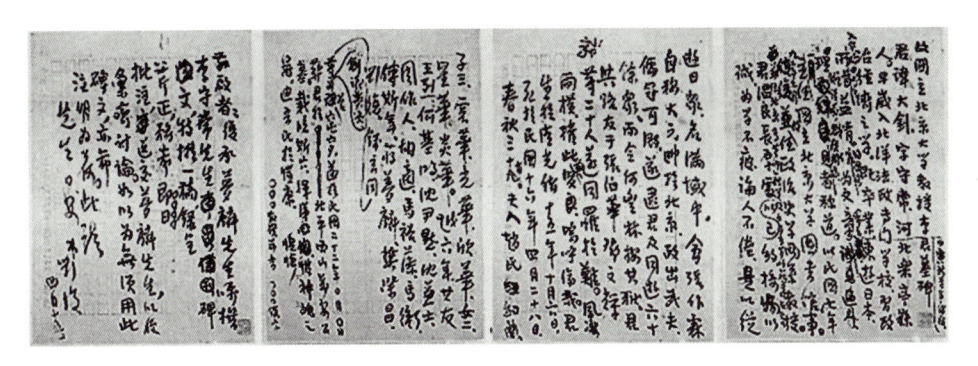

刘半农撰写的碑文

上得知李大钊被绞杀的消息时，顿时昏过去。

因生前仗义疏财，李大钊去世后家中仅有1块大洋。得知李大钊遇害的消息后，他在北京、上海、天津等地的生前好友，纷纷为赵纫兰及孩子们捐款。捐款人员既有教育界、文化界的同事同仁，如白眉初、章士钊、蔡子民、蒋梦麟等，也有国民政府的官员，如马叙伦、邵元冲、蒋伯诚等。幸有蒋梦麟等友人相助，集资购置棺木，才将李大钊的遗体装殓入棺。

本来，李大钊可以安安稳稳地拿着高工资在北大教书，过着一生富足的生活。但是，为了寻求真理，他偏偏选择了一条最艰难的道路。1919年，李大钊曾经写过一篇非常有名的文章叫《牺牲》："人生的目的，在发展自己的生命，可是也有为发展生命必须牺牲生命的时候。因为平凡的发展，有时不如壮烈的牺牲足以延长生命的音响和光华。绝美的风景，多在奇险的山川，绝壮的音乐，多是悲凉的韵调。高尚的生活，常在壮烈的牺牲中。"

1933年4月，被北洋军阀赶回老家的赵纫兰重病缠身，自知不久于人世，带着儿女从河北乐亭返回北京。蒋梦麟、沈尹默等昔日北大同事纷纷伸出援手，为李大钊发起公葬。蒋梦麟在香山万安公墓为李大钊代购墓地，刘半农教授执笔撰写碑文："君温良长厚，处己以约，接物以诚，为学不疲，诲人不倦，是以从游日众，名满域中。"

李大钊终于入土为安，了却心愿的赵纫兰也在一个月后离开人世，两个人从此长眠在北京西山脚下。赵纫兰去世后，中共河北省委决定追认她为共产党员。这是她应得的称号，也是对她一生的最高评价。在这段革命年代最令人唏嘘的浪漫故事里，有福祸相依的相知，有荣辱与共的相守，还有彼此珍惜的相望。尤其是李大钊高举的旗帜，更是为他与赵纫兰的爱情添上了最后一抹革命的底色。

"绝美的风景，多在奇险的山川，绝壮的音乐，多是悲凉的韵调。高尚的生活，常在壮烈的牺牲中。"

陈毅安
和
李志强
家书无字岂无情

如果有一天，你收到一封没有字的信，就表示我已经牺牲了。

1923年，陈毅安与李志强在湖南长沙合影

一见钟情定终身

陈毅安，又名陈斌，1905年生，湖南湘阴人。1920年考入湖南省立第一甲种工业学校，1922年加入中国社会主义青年团，1924年转入中国共产党。1926年进入黄埔军校第四期学习，毕业后参加北伐。1927年9月，参加毛泽东领导的湘赣边界秋收起义。上井冈山后，参与保卫井冈山根据地的多次斗争。1930年，担任红三军团攻打长沙战役的前敌总指挥，8月7日在战斗中不幸牺牲，时年25岁。

陈毅安和李志强的爱情属于一见钟情。1923年，陈毅安在湖南省立第一甲种工业学校读书，回乡拜访他的小学语文老师邹先生时，遇上了师母的外甥女——还在湖南省稻田女子师范读书的李志强。初次见面，两人就对彼此情有独钟。当年八月

"如果有一天，你收到一封没有字的信，就表示我已经牺牲了。"1931年3月，满怀期待的李志强收到来自丈夫陈毅安的信笺，打开后，竟是两页素白信纸，顿时泪流满面。

中秋，由师母做媒，陈毅安与李志强定下终身。由于革命工作的需要，二人聚少离多，书信就成为他们交流思想和表达情感的主要方式。

陈毅安与李志强的家书的写作时间是1923年至1927年，正是陈毅安投身大革命期间，同时也是他与李志强的热恋期。在一封信中他这样说道："现在我进了学校，老实不客气对你不起了，也已经同别人又发生恋爱了，这个人不是我一个人喜欢同她恋爱，世界上的人恐怕没有不钟情于她，这个人，就是列宁主义。"

陈毅安把列宁主义当作自己的恋人，等于是把这种信仰当作了一生的伴侣去追求。即便在四一二反革命政变的血雨腥风中，陈毅安依然信仰不变、主义不变。"思前想后，除了我们努力革命，再找不出别的出路，把一切旧势力铲除，建设我们新的社会，这个时候才能实现我们真正的恋爱……"

陈毅安在家书中一再表达了对信仰、对初心的恒守如一。"莫名其妙的我，现在已经正式毕业了。重大的军事工作就要担当起来，我是非常恐惧的。但是我们中国，受了帝国主义八十余年来的侵略，事实上是不许可我们求甚（什）么高深学问，造博士的头衔的，所以我就毅然决然，把我所学的革命技能，不顾一切、切实地工作起来，不达到我的目的地——烈士墓不止。"

深爱着陈毅安的李志强，舍不得他流血牺牲，希望他毕业后当教员，不要上前线打仗。陈毅安总是耐心地开导她，并在信中写道："我上次同你说的，爱情固然要好，但不要成为痴情。换句话说，不要牺牲一切来专讲爱情。如果人人不去流血牺牲，那中国就无药可救了。"

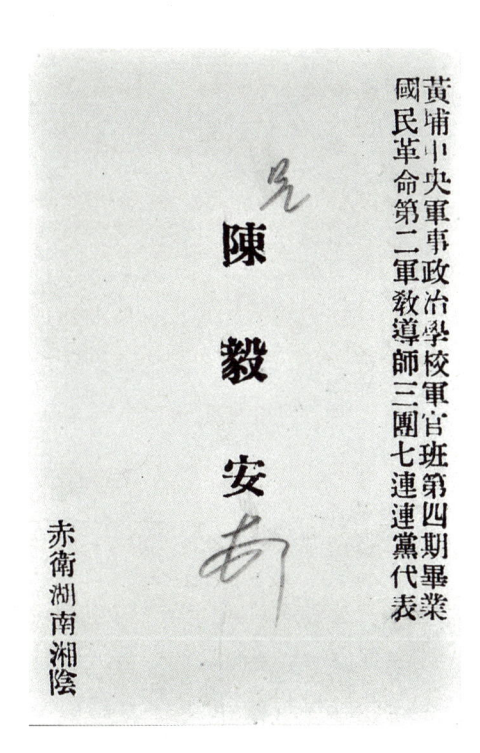

1926年底，陈毅安寄给未婚妻李志强的名片

衡阳雁去总关情

陈毅安与李志强心心相印、十分恩爱。从恋爱到结婚直到壮烈牺牲，陈毅安在戎马倥偬的短暂革命生涯中，给妻子李志强一共写了54封家书。这是一封1927年4月10日的家信，陈毅安在信中这样写道：

最亲爱的妹妹，你不要畏难吧！十八层地狱底下的中国，今日也得见青天白日了。眼见得帝国主义军阀及一切反动势力快要到坟墓里面去。一钱不值的我们，也要做起天下的主人了。努力！努力！前进！前进！我们的目的地终会到达啊！

最亲爱的妹妹，我知道你是舍不得离开我的，也知道你是难过的，但是受革命驱使的我们，说不得这样多了，也是实在没有办法，我希望我们的军队开至前方，不开至前方在八九月也要回来同你见一面啊！或者我们的问题在那时也可设法来解决，你安心吧……

这些家书也从一个侧面记述了我党建党初期艰苦卓绝的革命历程和重要史实。1927年4月12日，蒋介石在上海发动反革命政变，大肆屠杀共产党员、国民党左派及革命群众。陈毅安在18日的信中写道："我们的军队要与反动派的军队在广东英德一带决一死战。"

1927年7月15日，汪精卫在武汉发动反革命政变，与南京蒋介石政府同流合污。在8月9日的信中，陈毅安记述了随部队离开武汉开赴南昌的情景。9月20日的信则记载了秋收起义军第一团与毛泽东领导的第三团会师浏阳文家市。10月3日的信中记载了秋收起义军奔赴井冈山的艰苦历程。

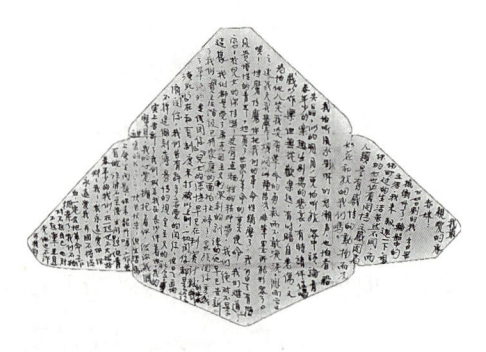

陈毅安写给李志强的家书

陈毅安在军队抵衡州之日给李志强写的信，追述途中心情

望断天涯君不见

上井冈山以后，即便在艰苦的行军打仗中，陈毅安始终不忘给李志强寄去书信。小小的信笺，既承载着他们忠贞不贰的爱情，也传递着陈毅安的信仰和乐观主义情怀："我天天跑路，钱也没得用，衣也没得穿，但是心情非常愉快，较之从前过优越生活的时代好多了，因为是自由的，绝不受任何人的压迫。但最忧闷、最挂心、最不安心的，就是不能单独同你坐在一起，而且信都很难同你通了。这是何等的痛苦啊！"

陈毅安看似文弱，实则智勇双全。毛泽东在《西江月·井冈山》一词中的"黄洋界上炮声隆，报道敌军宵遁"，赞颂的是黄洋界保卫战。而在前线指挥战斗的就有陈毅安，他曾指挥两个连击退了敌人四个团的进攻，守住了大本营。那一年，他只有23岁。

1929年，陈毅安在井冈山斗争中受伤，秘密回到湖南老家养伤，终于迎娶了心爱的姑娘。国难当头，陈毅安只能将爱情珍藏在心底，没过多久，又挥别妻子重返战场。没有谁生而英勇，陈毅安也曾暗自悲伤。"恐怕他人笑我没有革命的勇气，而不敢流泪"，但他深知，唯有自我牺牲才能"建筑一个光明灿烂的国家"。

"如果有一天，你收到一封没有字的信，就表示我已经牺牲了。"这是陈毅安与妻子李志强的约定，也是"无字书"的由来。

1930年，陈毅安在指挥部队撤出长沙时壮烈牺牲，年仅25岁，他贴身的唯一遗物就是这张被鲜血浸透了大半的合影。而这一切，李志强并不知晓。

1931年3月，李志强收到来自上海的一封信，信封上是熟悉的字迹，她欣喜地把信拆开，可信封里却只装着两页素白信纸，没有任何文字。他们的儿子陈晃明回忆说："我刚出生不久，母亲李志强就收到了这样一封无字信。顿时，原本盼望丈夫消息的满心期待变成了夺眶而出的汹涌泪水。他们生前就约定了，父亲说过，牺牲了我会告诉你一声，就是无字信表示我已经不在人间了。收到这封无字书信的时候，我母亲就放声大哭，知道他为革命已经牺牲了……"

收到"无字书"后，李志强望穿秋水，却再也没有接到丈夫的下一封来信。在兵荒马乱中，她带着刚出生的儿子陈晃明东躲

1927年，陈毅安与李志强在广东韶关合影

西藏，这些书信成为她的精神支柱。她也曾四处寻找显字药水，祈祷着这只是一封密件，而不是绝笔书。

1937年9月，李志强带着一丝希望，给延安八路军总部去了一封信，询问丈夫的情况。20天后，她收到八路军副总指挥彭德怀的亲笔回信："毅安同志为革命奔走。素著功绩，不幸在1930年已阵亡，为民族解放中一大损失。"噩耗传来，李志强泪流满面、泣不成声。

人们往往只看到英雄的赫赫战功，为英雄的鲜血讴歌，却容易忽略英雄背后女人们的命运。她们用长时间的孤独、坚忍与酸楚守护着一个残缺的家。那何尝不是一场战争，一场与看不见的命运相搏、不能有一丝松懈的战争。陈毅安牺牲后，李志强的不易和担当，生活中所遇到的种种困难和艰辛可想而知。1934年，她离别湖南湘阴界头铺到了长沙，考入湖南省长途电话局，依靠微薄的薪水养活年幼的儿子和年迈的母亲。所幸其遗腹子陈晃明乖巧、懂事，健康地成长，一切足以告慰先烈，也安慰着李志强那布满创痕的心灵。

1951年3月，毛泽东亲自核批了一批革命烈士，陈毅安名列第九。1958年，彭德怀为陈毅安题词："生为人民生的伟大，死于革命死得光荣！"

这封无字书信和几十封家书，从此就成为李志强母子一生守护的珍宝。1983年李志强因病去世后，陈晃明将他们珍藏的54封烈士家书和两件烈士名片捐赠给了中国革命博物馆。在陈晃明的心里，父亲陈毅安的生命永远定格在25岁。

这些家书，寄托了青年恋人相濡以沫的情感，也记述了陈毅安投身大革命的心路历程，以及他对中国共产党的忠诚和舍小家为大家的崇高品德，"我们要牺牲一切来做革命工作，来为一般受痛苦的人谋利益、谋解放"，陈毅安用自己的行动践行了革命者的崇高爱情观。

在儿子陈晃明的心里，父亲是一个浪漫的人，写给母亲54封书信，情深义重；是一个风趣的人，信上说爱上了别人，这人叫列宁主义；更是一个忠于信仰的人，用他的话说，不达烈士墓不止。

陈毅安与李志强的爱情，没有花前月下的呢喃细语，但他们以生命和鲜血，谱写了革命时期爱情的真挚与伟大。1983年，李志强病逝于北京。遵其遗愿，后人将她的骨灰和陈毅安的遗骨合葬于井冈山龙市，他们终于可以在一起安安静静地倾诉彼此的思念和深情。

"除了我们努力革命，再找不出别的出路，把一切恶势力铲除，建设我们新的社会，这个时候才能实现我们真正的恋爱……"

刘伯坚
和
王叔振
万里芳信无由传

"我的绝命书及遗嘱你必能见着……十二时快到了,就要上杀场,不能再写了,致以最后革命的敬礼。"这封写于1935年3月20日"你必能见着"的绝命书,却再也没能交到收信人手中。书信的主人刘伯坚就义前夕,其爱人王叔振已先他一步在闽西游击区光荣牺牲。

刘伯坚和王叔振

初会便已许平生

刘伯坚，出生于1895年，四川平昌人，早年曾就读于成都高等师范学堂。1920年，刘伯坚赴欧洲勤工俭学，最开始是在比利时的一个小镇，后来又前往了法国巴黎。刘伯坚只要有时间就研读《资本论》《共产党宣言》《法兰西内战》《国家与革命》等马列主义著作，并对里面的观点深深地赞同。俄国十月革命的胜利给了他很大启发，他开始思考红色革命是否适用于中国。1921年冬，刘伯坚与周恩来、赵世炎等人发起组织旅欧中国少年共产党。1922年，刘伯坚转为中国共产党党员。当时聂荣臻也在法国学习，刘伯坚是他的入党介绍人。

1923年，刘伯坚赴莫斯科，进入东方劳动者共产主义大学学习，俄文名谢尔金斯基。刘伯坚

"我的绝命书及遗嘱你必能见着……十二时快到了，就要上杀场，不能再写了，致以最后革命的敬礼。"这封写于1935年3月20日"你必能见着"的绝命书，却再也没能交到收信人手中。书信的主人刘伯坚就义前夕，其爱人王叔振已先他一步在闽西游击区光荣牺牲。这对结合于1927年、一生都在为革命事业奔波的夫妻，虽"万里芳信无由传"，却在生命最后一刻仍坚定地对彼此"致以最后革命的敬礼"。

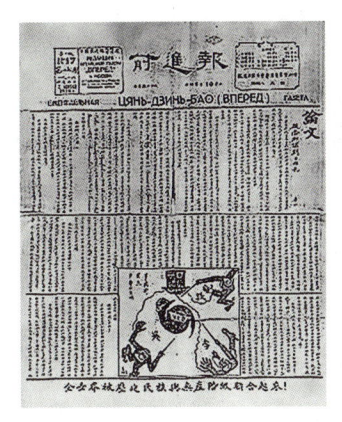

刘伯坚在莫斯科东方劳动者共产主义大学学习期间主办的《前进报》

因待人和蔼及处理问题老成持重，被中国学生推为中共旅莫支部书记。当时，这个支部不但管理中国学生党员的组织活动，还要负责工作分配和生活，被同志们称作"党内驻苏大使馆"，刘伯坚成了"大使"。

1926年刘伯坚回国，遵照中共中央指示，应邀到冯玉祥部任国民联军政治部副部长，推动冯玉祥部接受第一次国共合作的纲领和"联俄、联共、扶助农工"的三大政策，并举行著名的五原誓师，配合南方国民革命军进行推翻北洋军阀统治的北伐战争。

在国民军任职期间，刘伯坚结识了比他小11岁的王叔振。王叔振，原名淑贞，1906年出生于陕西省三原县城东关，1920年8月升入陕西省立西安女子师范学校。在女师求学期间，她的哥哥王君毅正在北京大学读书，不时给她寄回一些进步书刊。王叔振仔细阅读，深受启迪，思想上大有进步。

1926年春，军阀刘镇华率镇嵩军攻打西安，围城八个多月。王叔振积极参加城内党团组织领导的宣传活动和救济工作。11月，在各方配合下，镇嵩军的围攻被粉碎。翌年初，冯玉祥总部进驻西安，国民联军驻陕总司令部亦宣告成立。冯部中有不少共产党人，在他们的推动下，西安和陕西其他地方的革命运动蓬勃开展。

王叔振对革命形势的发展十分兴奋，整天沉浸在紧张的工作中。她经常和伙伴一起向市民群众进行宣传，并征得冯玉祥的同意，定期给国民联军的军官讲演，宣传打倒军阀、打倒帝国主义和妇女解放等革命道理。

舍小家为大家

机缘巧合之下,刘伯坚和王叔振相识了。随着彼此了解的逐渐加深,他们很快就产生了超越一般革命同志的深厚情谊。1927年春,刘伯坚与王叔振结婚。

这一天,西安的许多知名人士,如于右任、冯玉祥、杨虎城、邓宝珊、吉鸿昌等,都来参加他们的婚礼。婚后,王叔振被安排在国民联军总政治部担任秘书工作,并经刘伯坚介绍加入了中国共产党。

1927年3月,刘伯坚、王叔振在西安结婚

1927年,国民联军改为国民革命军第二集团军,东出潼关,与武汉国民政府的北伐军会师中原。王叔振与刘伯坚奉命随军出征。一路上,她坚持进行宣传鼓动工作,积极热情,成效显著。6月,冯玉祥追随蒋介石,在其所部及豫陕等地区进行"清党"。刘伯坚和王叔振被"礼送出境"。

八七会议后,遵照党组织的委派,刘伯坚夫妇来到上海从事济难会的工作。当时的上海正被反革命的血雨腥风笼罩着,为了躲过国民党反动派的重重哨卡,夫妇二人打扮成商人的模样。刘伯坚戴着礼帽和眼镜,围着一条薄薄的白色围巾,王叔振当时已有身孕。

二人还随身带着一个箱子,里边装的是我党的一些活动经费,他们把箱子里的东西看得比自己的性命还珍贵。虽然路上经历各种困难,但刘伯坚和王叔振从来没有动过打开箱子的念头。

刘伯坚默默承受着各种困难,努力为怀了孕的妻子创造出稍微好一点的条件。1928年初,孩子即将出生，但因费用问题，王叔振无法入院。危急之下，刘伯坚快速跑到医院的抽血室，400毫升的血被抽走后，王叔振终于可以安稳地躺在产床上了。坐在产房外的凳子上，刘伯坚脑中想到"虎啸之威，豹熊之胆"这八个字，于是，他们的第一个孩子便取名虎生。

孩子刚刚生下不久，刘伯坚再次被党中央派往苏联，到莫斯科军政大学和伏龙芝军事学院学习，成绩名列前茅。1928年6月18日至7月11日，他作为代表参加了在莫斯科郊外召开的中国共产党第六次全国代表大会。

此时的王叔振仍留在上海，在纺织工人中开展工作。在白色恐怖下，党的经费无着落，工作人员生活也很困难。王叔振靠给上海各进步报刊撰写理论文章和文艺小品，换取稿酬，维持艰苦的生活。她在上海没有固定住处，有时一星期搬迁数次。好几次，特务已跟踪到她的住处，都被她机警地摆脱了。

1930年下半年，刘伯坚结束在苏联的学习，返回祖国。不久，夫妇二人奉命同往江西瑞金中央苏区工作。经过商议，决定把刚满两岁的虎生交王叔振的嫂嫂焦毓英带回陕西抚养，

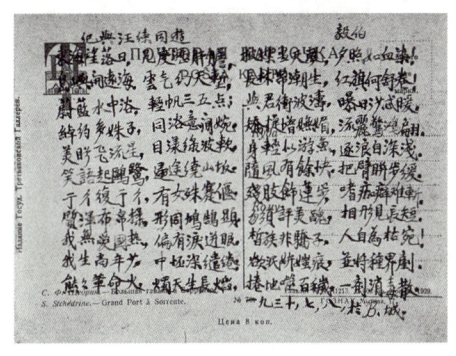

1930年7月8日，刘伯坚在苏联写的明信片及在背面写的诗《纪与汪练同游》

第二个孩子豹生刚出生不久，便留在叔振身边。

1931年3月中旬，王叔振生下第三个儿子——熊生。为了不影响工作，她和刘伯坚商定，将孩子送给闽西新泉芷溪乡黄荫达、丘满菊夫妇抚养。王叔振亲笔给黄家写了如下字据——"刘门王氏生下小儿名叫熊生，今送给黄家抚养成人，长大在黄家承先启后，但木有本水有源，父母深恩不可忘记，仍要继承我等志愿为革命效力，争取更大的光荣，特留数语以作纪念。母王叔振字"。

风送计可到梅关

1934年10月,由于第五次反"围剿"的失败,中央红军被迫离开苏区,开始了长征。刘伯坚、王叔振夫妇继续留在苏区,当时留下来的大部分是无法随部队行军的伤病员或者孕妇。刘伯坚带领还能行动的战士在于都河多处架设桥梁,为主力部队做好后勤保障工作,护送红军主力渡河。过河之后,老战友叶剑英内心非常难过,朝着河对岸的刘伯坚挥手,因为他明白,这一别可能永远都不会再见了。

1935年3月4日,江西信丰县塘村山区发生了一场恶战。兵力上占绝对优势的国民党军队,将头晚宿营于此的中共赣南省委、省军区2000余人重重包围。时任赣南军区政治部主任的刘伯坚率队突围,身中数弹被捕。

在狱中,刘伯坚宁死不屈,始终坚持自己的信仰,反动派为了让他屈服,要他戴着脚镣游街示众。面对围观的人民群众,刘伯坚昂首挺胸,向群众点头致意。回到监狱后便有了这首脍炙人口的诗词《带镣行》:"带镣长街行,蹒跚复蹒跚;市人争瞩目,我心无愧怍。带镣长街行,镣声何铿锵;市人皆惊讶,我心自安详。带镣长街行,志气愈轩昂;拼作阶下囚,工农齐解放。"

3月13日晨,刘伯坚又写下《移狱》一诗,最后四句这样写道:"夜雨阵阵过瓦檐,风送计可到梅关。南国春事不须问,万里芳信无由传。"

抱定赴死之心,刘伯坚于3月16日在狱中给亲属写下遗书。

凤笙大嫂并转五六诸兄嫂:

本月初在唐村写寄给你们的信,绝命词及给虎、豹、熊诸幼儿的遗嘱,由大庾县邮局寄出,不知已否收到?

弟不意现在尚留人间,被押在大庾粤军第一军军部,以后结果怎样,尚不可知,弟准备牺牲,生是为中国,死是为中国,一切听之而已。现有两事须要告诉你们,请注意!

一、你们接我前信后必然要悲恸失常,必然要想方法来营救我。这对于我都不须(需)要,你们千万不要去找于先生及邓宝珊兄来营救我。于、邓虽然同我个人感情虽好,我在国外叔振在沪时还承他们殷殷照顾,并关注我不要在革命中犯危险,但我为中国民族争生存、争解放，与他们走的道路不同。在沪晤面时邓对我表同情，于说我所做的事情太早。我为救中国而犯危险，遭损害，不须（需）要找他们来营救我，帮助我，使他们为难。我自己甘心忍受，尤其须（需）要把我这件小事秘密起来，不要在北方张扬……这对于我丝毫没有好处，而只是对我增加无限的侮辱，丧失革命者的人格。至要至嘱（知道的人多了就非常不好）。

二、熊儿生后一月，即寄养福建新泉芷溪黄荫胡（应为黄荫达）家，豹儿今年寄养在往来瑞金、会昌、雩都、赣州这一条河的一只商船上，有一吉安人罗高廿余岁，裁缝出身，携带豹儿。船老板是瑞金武阳围的人，叫赖宏达。有五十多岁，撑了几十年的船，人很老实，赣州的商人多半认识他。他的老板娘叫郭贱姑，他的儿子叫赖连章（记不清楚了），媳妇叫梁照娣。他们一家人都很爱豹儿，故我寄交他们抚育。因我无钱，只给了几个月的生活费，你们今年以内派人去找着，还不致（至）于饿死。

我为中国革命没有一文钱的私产，把三个幼儿的养育都要累着诸兄嫂。我四川的家听说久已破产，又被抄没过，人口死亡殆尽，我已八年不通信了。为着中国民族就为不了家和个人，诸兄嫂明达当能了解，不致说弟这一生穷苦，是没有用处。

……

从这封遗书中可以看到，刘伯坚为了维护党的声誉，希望自己的亲人不要把自己被捕的事扩散出去，反映了他在原则问题上毫不妥协的性格和在任何情况下都以党和人民的利益为重的崇高品质。

刘伯坚在江西狱中寄给梁凤笙大嫂的信的信封

荆卿豪气渐离情

1935年3月21日，刘伯坚壮烈牺牲在江西省大余县金莲山，时年仅40岁。

从以后收集到的信息可以看出，从被捕到牺牲，刘伯坚共给亲人写了四封书信，他无时无刻不眷念着自己的妻子和孩子，字字句句催人泪下，充满着对信仰的坚守和饱含大爱的家国情怀。信中有"生是为中国，死是为中国"的豪迈，有"不须要找他们来营救我"的决绝，有"诸儿要继续我的志向，为中国民族的解放努力流血，继续我未完成的光荣事业"的希冀，更有"决定一死以殉主义，并为中国民族解放流血"的毅然决然。

最后一封信是写给爱人王叔振的，信里这样写道：

叔振同志：

我的绝命书及遗嘱你必能见着，我直寄陕西凤笙及五六诸兄嫂。

你不要伤心，望你无论如何要为中国革命努力，不要脱离革命战线，并要用尽一切的力量教养虎、豹、熊三幼儿成人，继续我的光荣的事业。

我葬在大庾梅关附近。

十二时快到了，就要上杀场，不能再写了，致以最后革命的敬礼。

这封信里短短的一百多字，饱含着对未来革命事业的期待、对亲人的牵挂、对个人生死的淡然。在生命的最后一刻，刘伯坚内心的信念毫无动摇，仍在嘱托自己的结发妻子继承遗志，继续革命，期盼三个儿子长大成人，仍然能继续他的光荣事业。

刘伯坚不知道的是，妻子王叔振并没有看到他的书信，也再没有看到他们的孩子。1934年5月，夫妻二人从江西于都分开之后，王叔振就去了福建工作。在刘伯坚就义前夕，对党和革命无限忠诚的王叔振先他一步在闽西游击区光荣牺牲。

1938年，毛泽东为刘伯坚碑文题词："刘伯坚是中国共产党的早期优秀党员，中国工农红军早期优秀将领，无产阶级革命家，我党我军政治工作第一人"。冯玉祥在《我的生活》一书中评价刘伯坚说："刘伯坚他工作认真，废寝忘食，工作有特殊成绩，我很佩服他。"

叶剑英曾赋诗怀念这位伟大的战友："红军抗日事长征，夜渡鄂都溅溅鸣。梁上伯坚来击筑，荆卿豪气渐离情。"诗中称颂刘伯坚既有荆轲之豪迈勇气,又有高渐离待友之深厚感情,回忆了长征出发时依依不舍互相告别的情景,表达了对战友的深切怀念。

2009年9月10日,在中央宣传部、中央组织部等11个部门联合组织的评选活动中,刘伯坚被评为"100位为新中国成立作出突出贡献的英雄模范人物"。

有幸的是,刘伯坚的三个儿子在难以尽述的艰难中长大,并先后被中央找到。1936年,长子刘虎生被大嫂梁凤笙交给了周恩来。1949年,二儿子刘豹生在江西瑞金被找到。1953年刘熊生在闽西被找到。1979年5月,在刘伯坚、王叔振夫妇壮烈牺牲40多年后,他们的三个儿子在北京聚首。感慨之余,同时涌现在三兄弟心中的,是对父母的无尽缅怀与思念。

"生是为中国,死是为中国,一切听之而已。"

马海德
和
周苏菲

最是理想动人心

结婚证是在一张纸上分左右两联，本应裁开，男女双方各执一联。但马海德坚决不让撕开，说："我们一辈子也不分开。"

1944年，周苏菲与马海德在延安

漂洋过海来中国

马海德，原名乔治·海德姆，祖籍黎巴嫩，1910年出生于美国纽约州布法罗市的一个炼钢工人家庭。贫穷的家境铸就了乔治倔强不屈的性格，1933年，他在日内瓦大学获得医科博士学位。

对中国的好奇以及治病救人的理想促使乔治下决心到中国去行医。1933年11月，乔治漂洋过海，来到中国这块陌生的土地。他在上海九江路租房子，开了一家诊所。其间，他与许多

抗日战争时期，许多国际友人来华支援中国抗战，并与中国人民结下了深厚的友谊。抗战胜利后，有的国际友人割舍不了对这块土地的深情，自愿留在了中国，并且加入了中国国籍。美国医生马海德不仅是其中的一位，而且是新中国第一位加入中国国籍的外国人。

瑞士日内瓦大学授予马海德的医科博士学位证书（法文）

共产国际的进步人士聚在一起，结识了美国女作家史沫特莱、新西兰人路易·艾黎等，当然还有宋庆龄。

1936年初，宋庆龄告诉乔治，中共中央为打破国民党的严密封锁，准备邀请一位医生帮助革命根据地建立医疗机构，另外邀请一位诚实公正的西方新闻记者到陕北解放区采访。宋庆龄认为乔治的条件非常合适，既是医学博士，又年轻、无家庭牵挂。另一位被选中的西方新闻记者，就是埃德加·斯诺。在宋庆龄的安排下，乔治怀揣半张五英镑的钞票作为接头暗号，奔向延安。

1936年6月初，乔治先到达南京，然后乘车北上转道西安，其目的在于摆脱国民党特务的跟踪。在西安，乔治找到了手持另外半张五英镑钞票的中共地下党员董健吾。在董健吾的安排下，乔治与美国记者斯诺闯过重重封锁线，辗转来到陕北红军的驻地——安塞。

初到陕北，乔治对于偏僻落后的黄土高坡非常陌生。然而，在与毛泽东等中央领导人会谈以后，他被中国共产党人的乐观精神所感动，立即穿上红军的服装，对根据地的情况进行考察。

几个月后，斯诺完成了采访，离开陕北，之后写出了轰动世界的《红星照耀中国》。而乔治则自愿留在了中国工农红军，成为红军的卫生部顾问。

自愿留在陕北的洋博士

由于乔治懂得阿拉伯语和阿拉伯文字，因此当地回族群众对他尤为信任和尊重，经常请他到家里吃饭，与他亲切交谈。乔治给当地回族群众看病，传授卫生知识，很快与群众打成一片。红军遂请他帮助做回族群众的工作。于是他把有关我党的民族宗教政策摘译成阿拉伯文字，让红军战士"照猫画虎"地刷在墙上做宣传，这对于号召回族人民支

马海德的卫生包和在延安穿过的草鞋

援红军起到了很好的作用。

乔治背着宋庆龄送给他的卫生包，以满腔热情一边紧张地投入诊疗工作，一边进行调查研究。回族群众中姓马的人很多，乔治为了表达同回族兄弟、中国人民友好交往的心愿，将自己的原名乔治·海德姆改为马海德。这样一改，既保留了原来的美国姓，又增加了边区回族同胞姓氏中常见的"马"字。

1937年2月，马海德经时任中央宣传部副部长的吴亮平介绍加入了中国共产党。正如他说的，"从此我能够以主人翁的身份，而不是作为一个客人置身于这场伟大的解放事业之中，我感到极大的愉快。"在1938年至1940年仅仅三年时间里，马海德就为陕北军民治病四万余人次。

| 八路军总部发给马海德的军用证明书

收获甜蜜的爱情

马海德是个精力充沛、热情洋溢的人。工作之外，他还参加一些文艺活动，唱歌、演戏、跳舞是他的最爱。令马海德高兴的是，他在延安还收获了甜蜜的爱情。

1939年冬，鲁迅艺术学院戏剧系学生周苏菲伤风鼻塞，长期不愈，便到延安城内的医院治疗。那天接诊的恰巧是洋医生马海德，马医生态度非常认真，十分热情。周苏菲看完病，心怀美好的印象离去，马海德也被这位具有东方女性美的病人深深打动。第二天，马海德在粉红色的信纸上用歪歪扭扭的中文给周苏菲写了一封信：我衷心希望你能按时服药，早日恢复健康，恢复你那美丽的微笑！

周苏菲当时虽然不知道马海德的心思，但对他的细心、俏皮的语言产生了一些好感。她后来回忆道："除夕那天刚吃完晚饭，就听见礼堂里锣鼓敲得震天响，不知是谁在门外叫着快走快走，晚会开始了。我和林兰赶紧提着马扎跟着人流跑去。礼堂里已经挤满了人……舞台中间是大名鼎鼎的马海德医生，他穿着五颜六色的戏装，正在跳加官，这是传统戏剧里过大年才演的吉祥剧目。马大夫脚下蹬着高底鞋，脸上画着大花脸，两只大眼睛闪闪发光。""加官跳完了，观众还不让他下台，他只好憋着嗓子唱了一段《桃花江是美人窝》的流行歌曲，大家被逗得更大声地笑起来。紧接着是京剧团的《打渔杀家》，我对京戏不感兴趣，就到宿舍里去了，但马大夫的精彩表演在我脑海里留下了深刻的印象。"

周苏菲找马海德治感冒成了他们爱情萌发的起点，爱情之花就这样慢慢地在两个人的心田里破土而出。回忆起这段往事，周苏菲曾风趣地说："这就给马海德献殷勤制造了机会。"

当时延安每逢周末，许多单位都举行舞会，各方人士可以自由参加。鲁迅艺术学院坐落在延安城东10里处桥儿沟，附近有一处旧建筑改做的舞厅。自从给周苏菲看病后，马海德经常骑马去那里参加周末舞会，并主动邀请周苏菲跳舞。一来二往，两人的感情逐渐加深。

1940年3月3日，30岁的马海德与21岁的周苏菲到边区政府正式登记领取结婚证书。周苏菲后来回忆说，"他认认真真地向组织打了一个报告，只过了两天就得到了批准，我

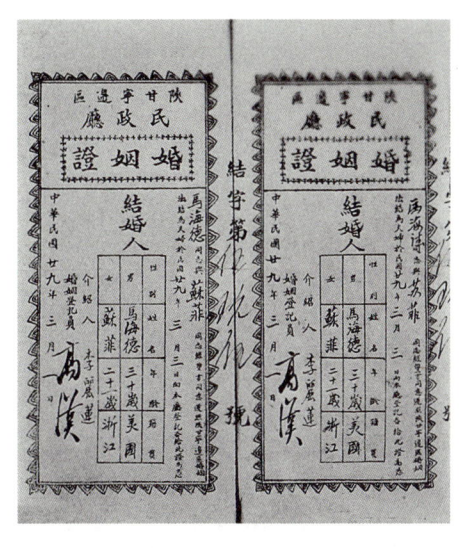

陕甘宁边区民政厅
发给马海德、周苏菲的婚姻证

们决定很快结婚，他拉着我一定要去边区政府办理结婚登记。那时在延安，我们都是革命队伍里的人，结婚都是向组织打报告，批准了就行，没有别的手续，但是马大夫认为不够，坚持要去政府登记。那天，他硬是把我拉到边区政府所在的山坡窑洞里，大概叫民政厅。当时在根据地老百姓中间宣传新的婚姻法，要废除买卖婚姻，所以鼓励结婚办理登记。这个登记处只有一张方桌和两条长凳，一个小鬼大约也只有十六七岁，正在那里工作。他一看来了一个高鼻子新郎倌（官）要登记，不敢同意，也不敢拒绝，呆了半天，只说让我们在长板凳上坐一会儿，他自己却跑了，又过了

好久他进来笑着说：'你们登记吧。'于是办了手续，结婚证是用最普通的纸印刷的，上面写着马海德三十岁，周苏菲二十一岁，于1940年3月3日登记结婚。下面还有证婚人、主婚人姓名，结婚证上还盖了边区政府的大印。"结婚证是在一张纸上分左右两联，本应裁开，男女双方各执一联。但马海德坚决不让撕开，说："我们一辈子也不分开。"领到结婚证后，马海德在城内饭馆摆了10桌宴请宾客，毛泽东、周恩来等应邀出席。1943年，他们的儿子降生，取名幼马，随母姓周。

除了治病救人之外，马海德十分注重与国际友人的交往，并在对外交流方面同样发挥了积极作用。1937年，马海德担任中共中央外事组和新华通讯社顾问，帮助新华社建立了英语对外广播，实现中共早期的国际宣传。在延安，马海德是外国友人来访时的义务接待员。他的到来不仅增强了军民对国际友好交往的信心，也为今后的国际交流工作起到了积极作用。从1938年开始，马海德接待了许多外国医疗队和医生，包括白求恩率领的医疗队、印度援华医疗队、德国医生汉斯·米勒、苏联的阿洛夫以及许多外国记者、专家、外交官和军人。

由于马海德的努力，革命根据地和中共的情况得以真实地向世界报道，医疗队等工作开展也更加顺畅。此后，无论担任美军观察组顾问、中共代表团医疗顾问，还是从事解放救济工作，马海德总是尽可能向国际友人宣传中共和解放区情况，争取他们的支持。

投身中国革命以后，马海德先后经历了抗日战争和解放战争的洗礼，在战火中先后办起了卫生部直属医疗所，筹建了陕甘宁边区医院、八路军医院。在马海德与卫生部同志的共同努力下，发展了8所中心医院、24所分院，形成总计约11800张病床的医疗网，为抗日战争及解放战争的胜利立下不朽战功。

无私无畏的国际共产主义战士

在长期参与中国共产党事业的活动中，马海德深深地被中国共产党所感染，决心以后一定要加入中国国籍。新中国成立后，马海德立即提出加入中国国籍的申请。因为此时的他已经模糊了国别，把自己看作新中国的一分子，他要全身心地投入新中国的建设中。

他崇高的国际主义精神也赢得了中国政府的尊重。在周恩来总理的亲自批准下，马海德成为新中国第一位加入中国国籍的外国人，并立即把全部精力投入新中国的建设事业中。

1950年，马海德被任命为中央人民政府卫生部顾问。1953年，在他的提议下，中央皮肤性病研究所成立，他受命担任中国麻风病防治研究中心主任，主要从事性病和麻风病的防治和研究工作。20世纪60年代，中国政府宣布旧社会遗留下来的性病在中国已经基本消灭，这与马海德积极从事性病研究和治疗是分不开的。

之后，他集中精力从事麻风病的研究和治疗，为中国治疗麻风病作出了重要的贡献。

1972年1月24日下午，身患重病的美国著名记者埃德加·斯诺凝视着他的好友——中国政府派往日内瓦为斯诺治病的医疗组组长马海德说："乔治，我羡慕你！我羡慕你走过的道路，我常想，如果当时我也像你一样留在延安，我今天的境况将是怎样的呢？"

1988年9月23日，78岁的马海德被卫生部授予"新中国卫生事业的先驱"荣誉称号，卫生部部长陈敏章把奖状送到了马海德的病床前。10天

马海德佩戴过的胸章

后，马海德在他的第二故乡——中国，含笑走完了富有传奇色彩的人生历程。临终前，马海德满怀深情地对亲友们说："如果让我重新开始生活，我还是会选择这条道路，这是毫无疑问的。"

1988年9月，卫生部授予马海德的"无私无畏的国际共产主义战士 全心全意为人民服务的光辉典范"奖状

依照马海德的遗嘱，妻子周苏菲把他的骨灰撒进延安的延河，撒在那个奉献了他全部青春岁月的地方。多年以来，谈到马海德的光荣革命史的时候，作为妻子的周苏菲仍然饱含深情和骄傲，"不只是因为他是我的丈夫，因为中国只有这一人，世界也只有这一人，这是因为马海德是第一个参加中国工农红军的外国人，是第一个加入中国共产党的外国人，是唯一参加过红军、八路军、解放军的外国人，是唯一经历过土地革命、抗日战争、解放战争和社会主义建设这四个中国革命历史时期的外国人，也是新中国成立后，第一个加入中国国籍的外国人。再也没有第二个人了"。

> "从此我能够以主人翁的身份，而不是作为一个客人置身于这场伟大的解放事业之中，我感到极大的愉快。"

左权
和
刘志兰
留得清漳吐血花

革命年代的爱情很纯粹，对革命者来说，爱情从来不只是执手凝望，更是共同奋斗，奔赴同一个远方。

1940年8月，左权一家三口的合影

写给家人的信

左权，又名左纪权，字孳麟，号叔仁，乳名自林，1905年出生在湖南醴陵的一个农民家庭。左权1924年进入黄埔军校第一期学习，1925年加入中国共产党，后在黄埔军校教导团任排长、连长，参加讨伐陈炯明的两次东征。他于1925年12月赴

太行精神的重要孕育之地——左权县，是为了纪念在抗日战争中牺牲的八路军最高级别将领左权将军，于1942年9月由八路军总部驻地山西辽县更名而来的。1939年春天，左权与刘志兰在太行山结为夫妻。左权34岁成家，37岁血洒十字岭，迟开的爱情花又早早凋谢。三年的婚姻生活太过短暂，而左权将军一封封家书中的深情与温柔却让刘志兰余生都在回味，她写道："今后悠长的岁月中，想到你将是我最大的安慰。"

黄埔军校时期的左权

苏联，先在莫斯科中山大学学习，后转入伏龙芝军事学院深造，1930年回国后到中央苏区工作，参加了中央苏区历次反"围剿"作战。

1934年10月，左权参加长征，参与指挥强渡大渡河、攻打腊子口等战斗，后担任红一军团代理军团长，率部西征并参与指挥山城堡战役。1937年8月，他随朱德、彭德怀率部东渡黄河，挺进华北，开辟抗日根据地。随后几年，左权一直任八路军副参谋长和八路军前方总指挥部参谋长。

1937年9月18日，在率部途经山西稷山县时，左权在给叔父的信中写道："我虽一时不能回家，我牺牲了我的一切幸福，为我的事业奋斗，请你相信这一道路是光明的、伟大的"，"我军已准备着以最大艰苦斗争来与日本周旋。因为在抗战中，中国的财政经济日益穷困，生产日益低落，在持久的战争中必须能够吃苦，没有坚持的持久艰苦斗争的精神，抗日胜利是无保障"。这些掷地有声的话语，道出了左权为了民族独立、人民解放和国家富强、人民幸福所树立的远大理想。

1937年12月3日，左权在山西洪洞高公村八路军总部驻地写信给母亲，这封信共6页，其中第1页已散佚。他在信中写道："亡国奴的确不好当，在被日寇占领的区域内，日人大肆屠杀，奸淫掳抢，烧房子，实在痛心"，"日寇不仅要亡我之国，并要灭我之种，亡国灭种惨祸，已临到每一个中国人民的头上"，"我全军将士，都有一个决心，为了民族国家的利益，过去没有一个铜片，现在仍然是没有一个铜片，准备将来也不要一个铜片，过去吃过草，准备还吃草"。左权的文字看似平白如水，没有丝毫浮词虚语，但忧国忧民的情感却如惊涛骇浪般跃然纸上。

1937年9月18日，左权写给叔父的信

1937年12月3日，左权写给母亲的信

不期而遇的爱情

左权被毛泽东称为"枪杆子"和"笔杆子"都过硬的将才。据警卫员回忆,他经常每天工作16个小时以上,"有时,我们走进他住房给他倒上一杯开水,他都没有发觉。我们经常见他由于熬夜而累得两眼通红"。

因忙于革命事业,左权直到34岁仍未成家,朱德等领导同志一直为他的个人问题发愁。朱德夫人康克清想到了一个人,"刘志兰,又有文化,人长得也好,怎么看都觉得与左权比较般配"。

1939年2月,年仅22岁的刘志兰来到太行山。讲台上的她英姿飒爽、气宇轩昂,台下的同志认真地听着,不但为她的学识所折服,也被她的气质所吸引。经过朱德的牵线,左权和刘志兰逐渐从相识到相爱。

革命者之间的缘分,从来都很奇妙。从收藏在中国国家博物馆的一件文物中我们惊喜地发现,在左权与刘志兰正式见面之前,他们的名字和手迹早已经在一本纪念册中"相遇"了。这本纪念册的主人是汪华东,左权的题字"一切牺牲,一切努力,为着中国民族阶级的解放而斗争",在第4页,时间是1937年4月15日;刘志兰的题字"我们不但要说明世界,且要改造世界",在第40页,时间是1938年7月16日。

1939年4月16日,左权和刘志兰在位于今山西省长治市潞城区的八路军总部北村举行了一场简单而庄重的婚礼。两个人身穿干净整洁的军

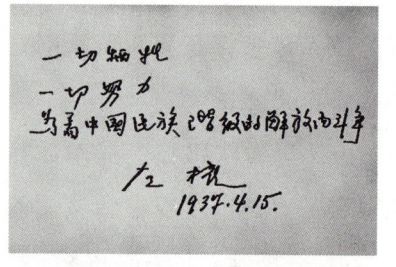

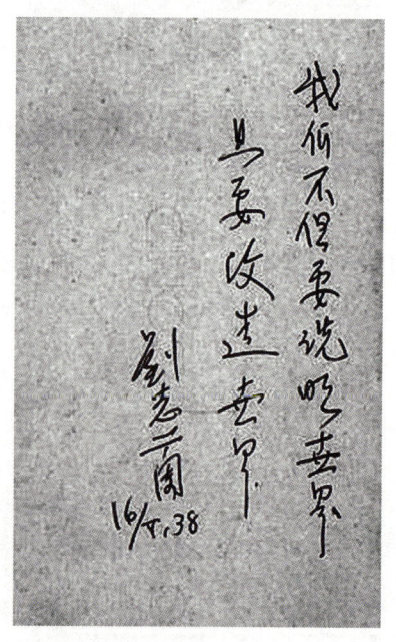

左权和刘志兰
在同一本纪念册上的题字

装，胸前佩戴大红花，在同志们的祝福声中走进了婚姻殿堂。革命年代的爱情很纯粹，对革命者来说，爱情从来不只是执手凝望，更是共同奋斗，奔赴同一个远方。

唯一的全家福

1940年5月27日，左权和刘志兰的爱情结晶降生，给他们带来了无限的欣喜。就像刘伯承给长子取名"刘太行"一样，彭德怀特地给左权的孩子起名"太北"，以纪念那段太行山太北地区的战斗岁月。

刘志兰曾在一封信里道出了对丈夫的深情："记得我怀着北北生病时，几乎有两个月，你抽出每个黄昏的休息时间来看我，安慰体贴无微不至，眼看着我消瘦下去的身体为之不安，曾想尽办法使我吃一点东西。其实，在你的深爱中，已使我的病痛泯然若失了。在有了北北的几个月中，你学会带小孩子，替她穿衣服、包片子，较我更细致。当时也多在紧张的战况中，从没有因为她的哭泣影响你工作休息有一点不耐，你爱她。"

幸福的时光总是短暂的。日军不断对根据地进行的"扫荡"、分割，使得华北抗日根据地日益缩小。1940年7月，左权开始为筹划百团大战日夜劳神，刘志兰也有去延安学习的想法。为了母女二人的安全，左权同意刘志兰带着刚刚出生三个月的孩子去延安。8月，一家三口留下了一张合影。照片中，刘志兰昂首直视前方，左权也露出了久违的笑容。在父亲怀中的小太北似乎在眺望着一个更美的远方。

没有人能想到，这张照片会是这个幸福的家庭最后的留念和唯一的合影。左太北后来写道："和父亲分别的时候，我在襁褓中，还不会喊'爸爸'，但没想到，一句未喊出的'爸爸'，竟然成了我终身的遗憾。我从小就知道，自己的父亲是烈士，但并不明白这个词的具体含义。我只是奇怪，大家都热热闹闹的时候，那个叫'爸爸'的人怎么不在。"

以身殉国家

刘志兰带着年幼的小太北在延安独自生活,其艰辛可想而知。左权只能为大家舍小家,一有机会就托人带去包裹,里面有信件、衣服、从日军那里缴获的战利品,也有自己写文章翻译得来的稿费。其中最重要的,自然是写给刘志兰的信件,字里行间显示出一位八路军高级将领对妻子女儿的关心与思念,也折射出当时共产党人生活的艰辛。刘志兰回忆道:"为了工作与学习,我们不止一次地分离,每一封来往的信写不尽的怀念之情,尤其这次将近两年的分别,书信的阻隔,加深我们互相的思念。"

很难想象,在灰暗的灯光下,一笔一画的书写中蕴含着一种怎样的心情。1942年5月22日,左权又写了一封信托人带去延安。在信中,他饱含深情地写道:"志兰!亲爱的,别时容易见时难,分离二十一个月了,何日相聚?"这一封看似寻常的家书,却成为他的绝笔。三天后的5月25日,左权在十字岭战斗中英勇牺牲,年仅37岁。

十字岭,位于麻田东部的太行山顶,正岭呈东西走向,绵延数十里,和南北走向的山岭交错形成"十"字,因此得名。1942年5月,日军集结重兵,对太行抗日根据地发动空前残酷的"大扫荡"。25日,中共中央北方局和八路军总部机关在部队掩护下进行突围,左权主动承担指挥掩护和断后的重任。左太北后来还原了父亲牺牲前的那一刻:"两颗炮弹打出去以后,我父亲赶紧躲还是可以的,而当时他就没顾上。他也没趴下,他要是趴下来的话,那炮弹片就不会打在头上了。他的喊声戛然而止,硝烟过后,父亲的身影也从山口处消失了!"这一刻,距离小太北两周岁的生日只差两天。

左权牺牲时,写给妻子的最后一封信还在送往延安的路上。刘志兰无法接受这个残酷的事实,曾写道:"虽几次传来你遇难的消息,但我不愿去相信。自然也怀着这不安和悲痛的心情而焦虑着,切望着你仍然驰骋于太行山际。""愿以廿年的生命换得你的生存;或许是重伤的归来,不管带着怎样残缺的肢体,我将尽全力看护你,以你的残缺为光荣,这虔诚的期望终于成为绝望!"

在写给妻子的这些信件中,左权几乎每次都提到女儿,嘱咐妻子"不

永远的怀念

左太北捐赠给中国革命博物馆的左权将军照片

要忘记教育小太北学会喊爸爸，慢慢使她懂得她的爸爸在遥远的华北与敌寇战斗着"。1982年，刘志兰将自己珍藏了大半生的11封家书寄给女儿左太北。42岁的左太北第一次读到父亲留下的亲笔书信，她读了一遍又一遍，泪雨滂沱："我人到中年才知道爸爸对自己的爱，手捧家书，多少次泪流满面，多少回梦见爸爸的身影。"

这些直抵心灵的家书和珍贵革命文物，不仅承载着深沉的父爱，隐藏着感人肺腑的爱情故事，更见证着左权将军永恒不变的初心和道不尽的家国情怀。

作为八路军在抗日战场上牺牲的级别最高的指挥员，左权将军的牺牲令全党全军悲恸。朱德挥泪赋诗："名将以身殉国家，愿拼热血卫吾华。太行浩气传千古，留得清漳吐血花。"周恩来在《新华日报》撰文指出："左权同志不仅是革命军人，而且是革命党员。他加入中国共产党在黄埔时代，这成为他以后二十年政治生活中的准绳。他之牺牲，证明他无愧于他所信仰者，而且足以为党之模范。"彭德怀手书《左权同志碑志》："露冷风凄，恸失全民优秀之指挥；隆冢丰碑，永昭坚贞不拔之毅魄。"

左权牺牲的消息正式对外公开后，延安的《解放日报》陆续发表了很多追忆文章，其中刘志兰发表的《为了永恒的纪念》，

朱德给左权的题诗　　周恩来题写的"左权将军之墓"

以妻子的视角，流露出了最真挚的感情：

想到你十余年的战斗生活备尝艰辛，没有一天的休息。而今天，没有一句话就永远离开我们，痛感到不可弥补的遗憾。……我们都期望着将来有更多的时间共同生活，谁知这终身的伴侣只有三年就要永远分离，如有预知之明，我将尽全力来使你幸福，谁能预料生离竟成死别！……对于革命，我贡献了自己的一切，也贡献了我的丈夫。你所留给我的最深切的是你对革命的无限忠诚、崇高的牺牲精神，和你全部的不可泯灭的深爱。为了永恒地纪念你，我将努力将二者紧密地结合起来，学习你继续你的遗志奋斗，在任何困难之下，咬着牙齿渡过去。有一点失望和动摇都不配做你的妻子。

愤恨填膺，血泪合流，我不仅为你流尽伤心的泪，也将为你流尽复仇的血，你永远活在我的心里，今后悠长的岁月中，想到你将是我最大的安慰。

亲爱的，永别了，祝你安息！

回望左权将军功勋卓著的一生，我们依然能清晰地感受到一个儿子、丈夫和父亲对家庭的眷恋、对未来的憧憬以及誓死奔赴国难的决心。伟大的革命精神之光，将照耀中华儿女在实现中华民族伟大复兴的新征程上奋力前行。

> "不要忘记教育小太北学会喊爸爸，慢慢使她懂得她的爸爸在遥远的华北与敌寇战斗着。"

王若飞
和
李培之
谁与关山度若飞

培之,别了,我们在红旗下聚齐,又在红旗下分手。战士们虽然在红旗下倒下,但革命的红旗永远不倒,它随着战士的血迹飘扬四方!这,就是我们的胜利!请你伸出双手,来迎接我们的胜利吧!

王若飞与李培之在黑海

「我们的理论家」

王若飞，原名王萌生，号继仁，1896年生于贵州省安顺县（今安顺市西秀区），因父亲早逝，家中生活不易，舅舅黄齐生把年幼的王若飞从安顺接到贵阳照顾，进达德学校读书。当读到《木兰辞》中"万里赴戎机，关山度若飞"时，他非常敬佩那些戎马疆场的英雄，改名为王若飞。黄齐生曾经这样说起王若飞，"8岁不识字，余往携至贵阳入小学，状类白痴，不得入正额……继而察其有异，家藏书，恣窥览"。

从青年时代起，王若飞就追求真理。1918年，王若飞怀着为苦难中的祖国探求出路的信念，东渡日本赴东京明治大学学习，开始接触马列主义。

1919年底，王若飞抱着考察各国社会情况、寻求革命真理

王若飞与李培之因革命而结缘，因共同的革命理想而走到一起。他们虽聚少离多却情意深重，柳亚子在《赠王若飞兼示其夫人李培之》一诗中赞道"更欣俪侣金闺美，北秀南能比漆胶"。

的愿望，随黄齐生等一起赴法国勤工俭学。1920年初，他到离巴黎不远的枫丹白露公学补习法语。王若飞性格洒脱，不拘形迹，常穿一件宽大的外套，戴一顶高高的帽子，夹着一个大书夹子。从装束看，他很像一个大学教授，同学们给他起了一个"博士"的绰号。1922年6月参与发起成立旅欧中国少年共产党。1923年转为中国共产党党员。

1923年3月18日，赵世炎、王若飞、陈延年、陈乔年等人由巴黎赴莫斯科。3月底，王若飞等人莫斯科东方劳动者共产主义大学就读。后担任过共青团中央组织部部长兼代理书记的萧子璋回忆说："他（王若飞）对中国问题钻得深，力求融会贯通。他对共产主义事业坚定不移，对国家民族忠心不二，以及分析事理之细，记忆之清，使我终生难忘。"

王若飞少年时期即投身革命，无论身处顺境逆境，甚至面对生死考验，对共产主义的信仰坚若磐石，对党的忠诚始终如一，堪称党员领导干部的楷模。王若飞领导过工人运动、农民运动，从事过统战、组织、宣传、少数民族、军事等多种工作，具有丰富的斗争经验和深厚的理论功底。毛泽东多次夸赞"若飞是我们的理论家"。

1925年，王若飞回到国内，开始了一个革命家火热而动荡的革命生涯。他曾任中共北方区委巡视员，负责筹建中共豫陕区委，后任中共豫陕区委书记，领导河南党的建设和工农运动。

1923年王若飞由巴黎取道柏林前往莫斯科学习，图为他在柏林留影

英雄肝胆也柔情

1925年，在河南领导工人运动时，王若飞与李培之相识。

李培之，原名李沛滋，1904年8月出生于河北赤城县龙关镇的一个没落地主家庭，在家中排行第三。在哥哥李沛霖的影响下，李培之从小就树立起了爱国的志向，并在进步思潮的影响下走上革命道路。1924年，李培之加入中国共产党，第二年7月受中共北方区委派遣来到河南，进入郑州豫丰纱厂做女工工作并负责编写《工人周报》。

在这里，李培之第一次见到了王若飞——一位讲话铿锵有力，浑身似乎蕴藏着使不完的精力的上级领导。王若飞仔细查看新编好的《工人周报》，在给予热情鼓励的同时，也中肯地指出了其中的一些不足。

在共同的革命工作中，李培之很快被这个操着贵州口音、性格豪爽的革命家所吸引。因为这位曾经留学日本、法国、苏联三国的大人物，没有一点盛气凌人的样子和上级的威严，只有对下级的亲切关怀和热情的帮助。王若飞也发现李培之思维敏捷，办事果断，并且有丰富的工作经验。随着他们在工作中的进一步接触与相互了解，以及对待革命事业的共同热忱和相互之间的欣赏，两颗年轻心灵很快碰撞出火花。

1925年秋，王若飞与李培之在郑州结为革命伴侣。相爱时在一起的每一天都很快乐，然而离别总是在猝不及防之中到来。结婚仅仅十几天，两人就不得不分开。根据上级指导，李培之离开郑州经上海赴莫斯科中山大学学习。1926年，王若飞调往上海任中共中央秘书部主任（即秘书长），参与处理中央日常工作。随后，他还参加了上海工人三次武装起义的组织和指挥工作。在武汉举行的中共第五次全国代表大会上，王若飞当选为中共中央委员。

1928年6月18日，中共第六次全国代表大会在莫斯科近郊纳罗福明斯克区五一村开幕，王若飞与周恩来、瞿秋白等一百多位代表赴会。为保密起见，大会没有对外发表任何有关新闻，与会代表和特邀代表都用假名或者编号发言。二十多天的会议结束以后，王若飞担任中共驻共产国际代表团成员，留在了莫斯科工作。这时，李培之也从莫斯科中山大学毕业，他们两人一起进入列宁学院俄文班学习。

阔别三年之久，竟能在这个遥远国度里重逢，并且一起同窗共读，令这一对年轻夫妻格外幸福。王若飞善于思考，他结合这几年国内斗争的历史经验和教训，向李培之讲体会。他们交流着分离期间彼此的生活和工作，也共同探讨着学习和心得。结合着那几年国内斗争形势，王若飞述说的每一件事都让李培之惊心动魄：蒋介石背叛革命，陈独秀犯了右倾机会主义错误，大批的共产党人遭到屠杀，革命力量损失很大。王若飞所肩负的责任、经历的危险，她其实也有所耳闻，但听王若飞亲口说出来又是另一番感受。

1929年底，在列宁学院的"清党"运动中，王若飞夫妇遭到当时中共驻共产国际代表团副团长张国焘的残酷打击。列宁学院支部在讨论这一问题时，老布尔什维克、院长基里桑诺娃指出："他（指王若飞）在我校学习期间表现很好，根据我们了解，是个好同志。"虽然没有被开除党籍，但王若飞还是受到了严重警告处分。李培之想不通，王若飞就开导她："共产党人应当是最坚强的人，这点事算不了什么，真相一定会弄清楚的。"夫妻二人互相鼓励，以真正革命者的襟怀，泰然自若地经受了这场考验。

暑假期间，夫妻俩到黑海海滨度假。李培之不会游泳，王若飞就鼓励她，"革命，也像游泳，也要学，呛两次水，怕什么？！我们都是共产党员，应该是世界上最坚强的人！"一位照相师为他们拍了一张合影，王若飞稍加思索，照片上的题字一挥而就："海天苍苍，海水茫茫，万里沐浴，既乐且康！"

1931年7月，在结束了列宁学院的学习生活后，王若飞和李培之一同回国。8月，因工作需要，党组织将王若飞派到绥远地区开展工作，而李培之则被分配到洪湖革命根据地开展工作。这一别，又是好几年。

铁窗难锁钢铁心

1931年9月，王若飞化名黄敬斋领导西北地区的革命斗争，同年11月因叛徒出卖在包头被捕，先后被关押在国民党归绥第一监狱、山西太原陆军监狱，开始长达五年零七个月的监狱生活。由于信息传递不便，李培之并不知道王若飞被捕的消息。直到1932年11月时，她从洪湖来到上海后才得知。1933年，李培之在上海不幸被捕，后经党组织营救，才平安出狱。纵然天各一方，彼此之间的思念却一直没变。

漫长而艰难的监狱生活，没有让王若飞屈服，他心中的革命信念和意志，也没有因此被磨灭。在狱中，王若飞始终严守党的秘密，坚持开展革命工作。他不仅寻找机会对狱友们进行革命教育，还写下大量宣传马克思主义的文章。为鼓励狱友，他在短文《生活在微笑》中写道："死里逃生唯斗争，铁窗难锁钢铁心。"面对敌人的严刑拷打，他坚贞不屈："招字，早就从我的字典里抠去了！"

危急时刻，王若飞曾撕下衣服内衬，写下给妻子的诀别信："培之，别了，我们在红旗下聚齐，又在红旗下分手。战士们虽然在红旗下倒下，但革命的红旗永远不倒，它随着战士的血迹飘扬四方！这就是我们的胜利！请你伸出双手，来迎接我们的胜利吧！"

黔驴技穷的敌人使出了假枪毙的伎俩，在夜深人静之时，把王若飞押到荒地，用枪对着他叫：招不招，不招就开枪了！他平静地说：开枪吧！国民党绥远省政府主席傅作义为王若飞的人格魅力所感动，说服他为国民政府服务。王若飞则利用这个机会宣传共产党救国救民的主张、团结抗日的政要。后来傅作义说：我能够在北平接受共产党的条件，和平解放北平，跟在狱中的王若飞对我的教育分不开。

| 王若飞一家三口

1936年，王若飞被转押到山西监狱。1937年5月，在中共中央北方局的营救下，王若飞终于结束了近六年的牢狱生活。当李培之得知王若飞出狱的消息后，就立刻前来和王若飞见面。分别了六年的他们，终于又团聚了。

1937年8月，王若飞与李培之回到延安。1938年11月4日，43岁的王若飞终于有了自己的孩子——王兴。老来得子，自然无比疼爱，王兴后来回忆父亲时说，自己有一张两岁时的照片，在照片里，王若飞把自己放在马上，照片背后写着——"小将军"和"老马夫"，时间是1940年8月1日。

「一切要为人民打算」

抗日战争胜利后，蒋介石曾三次电邀毛泽东到重庆谈判。1945年8月28日，王若飞陪同毛泽东、周恩来飞抵重庆，参加国共两党和平谈判。1946年1月，他代表中共方面出席在重庆召开的政治协商会议。会上，他按照中共中央要求，既坚持原则，又掌握灵活的斗争策略，在改组政府和国民大会等重大问题上，团结各民主党派，同国民党独裁政策进行针锋相对的斗争。

1946年4月8日，王若飞与秦邦宪、叶挺、邓发、黄齐生等人乘飞机回延安。临回延安前，他向周恩来道别说："一切要为人民打算。"

在由重庆返回延安途中，飞机在山西兴县与海拔2000多米的黑茶山相撞，机上13位同志及4名美军机组人员共17人全部遇难。噩耗传来，举国震惊，中共中央成立了以毛泽东为首的26人治丧委员会。

毛泽东为四八烈士题词——"为人民而死，虽死犹荣"。

周恩来在《"四八"烈士永垂不朽》中写道："若飞！你最后一席话，是为中国人民及其代表所受到的统治者的压迫鸣不平的。我记住，我永远记住。"

陈毅更是挥泪写下了《哭若飞》一诗：

廿年患难知交久，失事高空恨更长。
豪饮把杯惊满座，深谈携手忆河梁。
折冲樽俎鞭撒旦，迫贼关牢出睢阳。
有志愿傍青冢宿，英雄肝胆亦柔肠。

"为了保存一个人的生命，而背叛了千万人的解放事业，遭到千万人的唾弃，那活着还有意思？"王若飞曾这样说道。如今，几十年过去了，这片热土依然铭记着他"一切要为人民打算"的铮铮誓言，这不仅是王若

王若飞穿过的制服、戴过的帽子

飞临别时向周恩来说的最后一句话，也是他一生革命实践最公正的总结。

王若飞遇难后，李培之独自将他们的孩子王兴养大，怀着对丈夫的思念，坚持为党工作了一生。垂暮之年的李培之回忆说，她和王若飞结婚21年，一起生活了12年，"我一直觉得前边有他的身影在行进，后面有他的目光在注视；一直觉得是在追随着他的事业，受着他热切而严格的督促"。在那些艰难的岁月里，正是这份思念给了她渡过难关的勇气。

> "我一直觉得前边有他的身影在行进，后面有他的目光在注视；一直觉得是在追随着他的事业，受着他热切而严格的督促。"

李少石
和
廖梦醒
一朝分袂两相思

可以说，李少石和廖梦醒的爱情故事十分浪漫。他们在岭南大学是同科、同班、同社团，他们情愫暗生私订终身，他们远隔千山万水魂牵梦绕，只因"速回"二字，便义无反顾地奔向爱人，从此携手并肩在艰难危险的革命道路上相互扶持，既是彼此的守护者也是共同信念的坚守者。

李少石与廖梦醒结婚照

五年同梦见情真

李少石，生于 1906 年，广东新会人。原名李国俊，学名振，字默农。少石，是他 1943 年夏到重庆工作时使用的化名。李少石出生于香港，从香港皇仁书院中学毕业后，随祖父李胜迁回广州，1925 年入读岭南大学，与廖梦醒成为同班同学。

廖梦醒，生于 1904 年，廖仲恺、何香凝之女。她出生于香港，早年追随孙中山参加革命。廖梦醒于 1924 年加入中国国民党，1925 年考入岭南大学。李少石在班里是个内向、斯文的男生，最初二人并没有特别的往来。

省港大罢工发生后，香港全市工人响应罢工，李少石祖父李胜的"胜记牛栏"却私自开工宰牛。回广州定居养老的李胜，虽不知情但也被罢工纠察队逮捕。

"一自结编知爱厚，五年同梦见情真。"李少石和廖梦醒的故事具备了浪漫爱情的一切元素：同窗相恋，远隔重洋后因一句"速回"而义无反顾地奔向爱人，以夫妻名义掩护香港地下交通站，在艰难危险的革命道路上相互扶持、携手并肩。

李少石十分着急,遂请同学廖梦醒帮忙,她热心地带李少石找父亲廖仲恺说明情况,李胜很快被释放,李少石感激于怀。

由于目睹驻广州沙面的英军开枪射杀游行群众,李少石的革命理想与斗争意志更加坚定。他加入中国共产主义青年团,在岭南大学组织广大进步同学、校工,以罢工、罢课的形式与诋毁游行示威死难者的英籍教授坚决斗争,被学校开除。

与此同时,廖梦醒因廖仲恺被暗杀而极度伤心,大病一场。李少石常去慰问,对廖梦醒关爱呵护有加。岭南大学因对廖梦醒早前参加"反基督教大同盟"和"六二三"大游行不满,在廖仲恺遇刺后便让她"休学"。这样,廖梦醒和李少石两人就离开岭南大学,成了患难之交。

当时罢工委员会急需干部,李少石因为有文化、懂英语,就被安排到香港海员工会任英文秘书,负责港口与外国轮船联络的工作,并于1926年加入中国共产党。廖梦醒对李少石的抱负和作为也更加欣赏,在国民党右派制造"中山舰事件"后,她毅然撕掉了中国国民党党证,退出中国国民党。

随着北伐战争的不断胜利,何香凝带着廖梦醒随国民政府北迁武汉。国民党右派叛变革命以后,何香凝安排一对儿女到日本留学。到了日本后不久,廖

1925年岭南大学"泉社"合影,第一排左六为廖梦醒,第四排左四为李少石

梦醒接受日本进步妇女组织"关东妇女同盟"邀请,讲述大革命时期的妇女运动。为此,廖梦醒在日本警察局被审问后即被驱逐出境,于1927年九十月间返回香港。廖梦醒因为日本的经历经受了一次严峻的考验,变得成熟、坚强起来,李少石对此更为欣喜。他们的感情迅速发展,但两人的恋爱并不顺利。

与普通的母亲一样,何香凝也希望女儿能过上平安幸福的生活。在把儿子廖承志安排到德国的同时,她把廖梦醒送去法国留学。廖梦醒人在法国,心在祖国,于是省吃俭用努力存钱,希望凑够路费回国。在德国已经加入中国共产党的廖承志,在国际海员工会工作,因开销大时时向姐姐告急,廖梦醒将存下来的钱都给了弟弟,自己只能隔着万水千山诉说思念。

1930年春,在收到李少石发来的只有"速回"二字的电报后,廖梦醒再也顾不了那么多,立即向好朋友陈英德借钱买票,登上了回国的轮船。回到上海后,廖梦醒才知道,随着革命形势的迅速变化,中共中央准备从上海转移到苏区,中共广东省委迁到香港,南方局的总站也设在香港。为了大量来往的人员、资金和情报的安

| 李少石用过的铅笔

全,需要在香港开辟新的交通线。李少石是本地人,熟悉情况,是最佳人选。于是李少石与廖梦醒结婚,以家庭作掩护,在香港建立秘密交通站从事革命活动。他们怕招惹麻烦没到政府登记,只拍了一张照片作结婚纪念。由于双方家长均不在上海,他们连宴席也没摆。

许多地下党员以假夫妻的名义开展革命工作,而廖梦醒和李少石则组成了真夫妻。他们一起建立交通站、一起从事地下工作。可以说,李少石和廖梦醒的爱情故事十分浪漫。他们在岭南大学是同科、同班、同社团,他们情愫暗生私订终身,他们远隔千山万水魂牵梦绕,只因"速回"二字,便义无反顾地奔向爱人,从此携手并肩在艰难危险的革命道路上相互扶持,既是彼此的守护者也是共同信念的坚守者。

香港秘密交通站当时就设在廖梦醒家,从苏区来的报告与上海传过来的指示,都经过特殊处理,到香港后由廖梦醒重新"翻译"和处理,再交

给交通员发出来。苏区的很多文件用草纸就"药水"所写,廖梦醒通常要把草纸上的字用碘酒显示出来,再用很细的笔抄在薄纸上,以便于交通员长途携带到上海去。上海给苏区的文件则正好相反,字写得很细,甚至要用放大镜才看得清。廖梦醒把文件抄在草纸上,再由交通员带进苏区。

廖梦醒以能为党工作为荣,党组织每次交给她的任务她都能出色完成。她以踏实的工作作风和出色的工作表现获得组织的信任。1931年春,廖梦醒正式加入了中国共产党,成为真正的革命者。从此,他们携手并肩、相互扶持,守护着共同的信念。廖梦醒在《少石遗诗》后记写道:"我俩的生活尽管聚少离多,但我俩的感情是美好的。"女儿李湄于1932年出生,4个月后断奶。断奶后,李少石常给女儿喂奶粉,有时女儿半夜啼哭,他不让妻子下床,自己抱着褴褓中的女儿走来走去,唱着广东儿歌哄李湄入睡。

李少石平时生活非常节俭,铅笔用到只剩下一寸,还套上毛笔帽继续用,衣服也是补了又补。买水果往往买处理的,到外面吃炒河粉时,不要牛肉炒河粉,而是要菜心炒河粉,因为后者会便宜一角钱。李少石规定

"用钱须量入为出,不要夸耀自己已经过去了的光荣,闹贵族架子"。

有一次,廖梦醒发现李少石已经没有一件像样的衣服了,没有征得李少石同意,买了一些衣料给他缝制了一套衣服。李少石因此与廖梦醒吵了一架,廖梦醒回忆说,"这是他们结婚十五年唯一的一次吵架"。事后,李少石非常后悔,写了一首诗,向梦醒道歉,诗曰:"一自结褵知爱厚,五年同梦见情真。布裳夜缀怜卿苦,粗粝长甘谅我贫,病里慰人犹带笑,忙中课女费分身。今宵旧事重萦想,无限欷歔自怆神。"

《南京书所见》

时危难作两全身

1932年，由于秘密交通站的工作人员被捕，此人有叛变可能，李少石和廖梦醒便奉命离开香港到上海工作。面对当时的白色恐怖，他们夫妻相约：万一我们中间有谁被捕，不管任何重刑拷打，都要维护一个共产党员的高贵品德，决不叛党。

1934年2月28日，因叛徒出卖，李少石被捕入狱，先囚于南京监狱，次年被转解苏州反省院。在狱中，他受尽折磨，脚被打伤，肺部被打坏，但他却视死如归。在狱中三年，李少石曾写了多首诗来表达自己渴望战斗和思念亲人的心声。其中在《寄母》诗中，他写道："赴义争能计养亲，时危难作两全身。望将今日思儿泪，留哭明朝无国人。"在被解往南京时，他曾写了一首题为《南京书所见》的七言绝句以表达自己忠于革命事业的决心。诗曰："丹心已共河山碎，大义长争日月光。不作寻常床箦死，英雄含笑上刑场。"

李少石被捕入狱后，廖梦醒心急如焚，特别珍惜每月一次的探监机会。她除了给李少石送些物品外，更主要的是给他精神上的支持。李少石在狱中坚持斗争，对爱情亦忠贞不渝。他回顾了与廖梦醒从相识、相知到相爱的情感历程，心潮起伏，感慨万千，在狱中写了一首《寄内》诗，诗曰："一朝分袂两相思，何日归来不可期。岂待途穷方有泪，也惊时难忍无辞。生当忧患原应尔，死得成仁未足悲。莫为远人憔悴尽，阿湄犹赖汝扶持。"诗中的"阿湄"指两人的女儿李湄。此诗感情真挚，充满浩然正气，体现出了非常时期的伉俪情深，有思念、有慰勉，又有托付，柔肠百转，更有英雄情怀。

《寄内》

1937年8月国共第二次合作，李少石被释放出狱。出狱时写了一首题为《出狱》的七言诗："乍觉人间一境新，万千感集楚囚身。荆榛障道家犹远，烽火连云国半湮。弹指三年阿鼻狱，伤心何日太平民？萦怀不尽兴亡思，野草岩花看未真。"诗中对自己三年的牢狱生活轻描淡写，一笔带过，指出令人痛心的是"荆榛障道""烽火连云"，充分展现出一个革命者心系面临危亡的祖国和处于颠沛流离境地的广大百姓的家国情怀。

出狱后的李少石和妻子廖梦醒随何香凝同往上海。上海沦陷后，他们又一起前往香港继续为党工作。香港沦陷后，李少石举家迁往澳门，廖梦醒在逃难中染上风湿病，有时晚上她的手异常疼痛，导致无法入睡。李少石尽管白天工作非常繁忙，但每当廖梦醒病痛发作，便主动替她搓揉，帮助她缓解疼痛。

太平洋战争爆发后，廖梦醒调入重庆工作，二人又分开了。1943年夏，周恩来把李少石调来重庆，在十八集团军驻渝办事处工作，成为周恩来的得力助手。这时正值蒋介石的《中国之命运》一书出版，李少石读后极为愤慨，写了一首《咏史》。

万千逻卒猎街衢，偶语宁辞杀不辜？
安内难忘伤手足，攘夷偏惜掷头颅。
天之未丧斯民主，人尽能诛是独夫。
二世亡秦前鉴在，祖龙何事怒坑儒？

李少石与廖梦醒结婚十五年，为了革命聚少离多。廖梦醒回忆说："在重庆工作期间，周副主席曾叮嘱过我：'因为大革命时代国民党的人都认识你，你千万不能暴露你是共产党员的身份。'我除了邓大姐外，谁都没说过。在重庆少石同志回家来时，偶尔在路上碰到我和别人同行，他总是装作不认识。在家也要孩子叫他伯伯，表示他是孩子的大伯而不是我的丈夫。副主席的这点嘱咐，他是绝对遵守的。"

《咏史》

匆匆一别成永诀

1945年10月8日这一天中午，李少石和廖梦醒、龚澎、章文晋在曾家岩三楼走廊上吃完饭后，廖梦醒约他回家吃晚饭，李少石答应了。走到门口，通过一个地道时，李少石还挥手向廖梦醒告别，谁能料到这一别竟成了永诀！

当天晚上，柳亚子到办事处来找周恩来。因周恩来当时正在参加张治中宴请毛泽东的酒会，便让徐冰接见。徐冰请李少石作陪。他们谈完正事后，嗜诗如命的李少石便和柳亚子谈诗，谈兴正浓时，办事处要用周恩来的车子送柳亚子回沙坪坝。柳亚子热情地邀请李少石也上车，说这样可以多谈一会儿。结果车子返回到了下土湾时，颠簸了一下，路旁传出了"哎哟！哎哟"的惨叫声。

坐在车上的李少石叫道："不好了，车子可能撞倒人了，赶快停车！"可是，司机熊国华似乎没有听见，竟然加大油门继续开。"砰，砰砰！"几声枪响，李少石应声倒下。殷红的血从胸部涌出来，沾满了衣裳，滴在车厢里。

李少石被送到医院后，因伤中要害，流血过多，于7时47分溘然长逝。8时许，廖梦醒带着女儿李湄赶来，守护在遗体旁泣不成声。周恩来闻讯立即赶到医院，见此惨状，顿时泪如雨下。李少石突然遇难，不但令中共方面深感震惊，也让国民党当局十分紧张。这是因为此事不仅发生在国共重庆谈判尚未签字、毛泽东即将离渝的敏感时刻，而且李少石本人身份特殊，是著名国民党左派领袖廖仲恺和何香凝的女婿。国民党当局各有关部门迅速行动起来，出现了少有的高效率办事现象。

经过连夜侦办，至次日（9日）凌晨二时许，案情即基本告破。"10月8日下午5时许，适有陆军重迫击炮第一团第三营七连中尉排长胡关台率武装班长6名，新兵30名，携带中正式步枪6枝（支），每枝（支）配子弹4发，奉命由其驻地来重庆领取棉军服240套后，行抵红岩嘴六号门前附近，即在马路左侧休息，其时有弹药一等兵吴应堂蹲伏路旁，适有黑色轿车一辆，由小龙坎方向驶来，将该兵左臂部碾伤甚重，并撞伤右肩上方。"

该车司机于肇祸后，向城内急驶企图逃跑，该连下士班长田开福出于

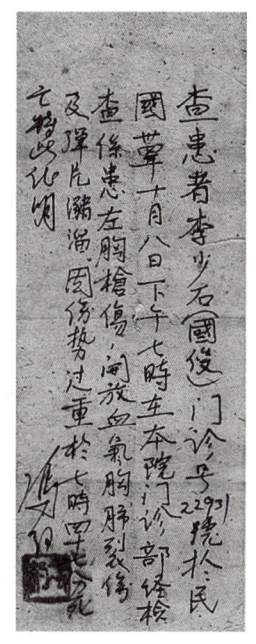

遭到枪击的国字 10357 号汽车和李少石的死亡证明

悲愤，即鸣枪一响制止，不意竟将该车击中，导致李少石意外遇难。经国共双方共同勘验该车中弹处，发现子弹是经车后的工具箱部分，穿过座后的钢质弹簧，致使弹头破裂成数碎片，故穿出靠垫处有数小孔，经判定确是步枪弹片所射击。这与上述调查结果及有关尸检结论基本一致。

1945年10月9日的《新华日报》报道："本报编辑兼十八集团军驻渝办事处秘书李少石同志，是先烈廖仲恺先生的女婿，昨日下午5时许由城乘国字一○三五七号汽车陪送柳亚子先生回沙坪坝柳先生寓所，归途车过沙坪坝时，突有人自车后用枪射击，弹穿车皮和靠垫，并由背腋射入李少石同志肺部，顿时血流如注，经急送城内市民医院，因余热甚重，不及输血，痛于七时四十七分不治逝世，其夫人廖梦醒女士于闻噩耗后赶到，痛哭失声，在场十八集团军办事处及报馆同人，也莫不万分悲愤。"

李少石去世后，遗物只有一床铺盖、小钱包、表、钢笔、小刀各一，几件替换的衣服和一些书籍。这就是一个革命者的"私产"。10月12日，毛泽东亲笔题词："李少石同志是个好共产党员，不幸遇难，永志哀思！"

李少石清廉的作风一直影响着廖梦醒。抗战结束后，廖梦醒在中国福利基金会工作。由于基金会人少，她兼做会计与出纳，一人负责款项的进出。她考虑到自己是共产党员，有随时被捕的可能，于是向宋庆龄提出不负责财会工作。宋庆龄也根据规定，组织人员对廖梦醒负责的财务情况进行审计，审计结果是数目清楚，分文不差。

| 廖梦醒亲笔抄录编辑的李少石遗作诗稿

| 毛泽东的题词

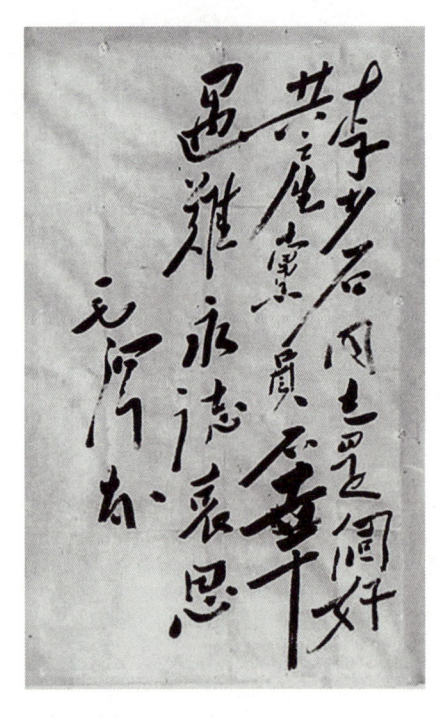

李少石去世后，廖梦醒亲笔抄录了李少石遗作诗稿。可以想象，那一撇一捺，都寄托着她对丈夫浓浓的深情和绵绵的思念，可以感受到她的酸楚。

与她心灵相通的宋庆龄，曾在给廖梦醒信中这样说："你懂得，一旦我们所爱的人与我们诀别而去,那么相互爱得越深,我们所承受的悲痛也就更深沉。只要我活着,我内心空荡荡的感受和悲伤将永远不会消失。人生在世,总不免一死。这残酷的现实谁都不得不面对,这是不可逆转的。但正像你所说,我们终有甜蜜和爱恋的记忆留在心间。"

> "一朝分袂两相思,何日归来不可期。岂待送穷方有泪,也惊时难忍无辞。生当忧患原应尔,死得成仁未足悲。莫为远人憔悴尽,阿湄犹赖汝扶持。"

邓中夏
和
李瑛
冲破乌云满天红

经过多方周旋之下，化名"施义"的邓中夏只被判刑52天。但就在离出狱还有19天的时候，和他同时被捕的人叛变了，不仅供出了邓中夏的真实姓名，还把邓中夏和李瑛的夫妻关系交代给了敌人。敌人立即把李瑛和邓中夏同时提审到法庭之上。7月26日，李瑛怀着矛盾的心情走进了法庭，在只有几步远的地方，根据敌人的要求仔细"辨认"邓中夏。法庭之上，夫妻却成了最熟悉的陌生人。相见而不相认，该是怎样的痛苦？这种痛苦只有他们自己知道，无论怎么炽烈，都只能忍下来，不相认是对对方的保护。更残酷的是，这竟是两人的最后一次见面。

| 邓中夏 　　　| 李瑛

唤醒民众去斗争

邓中夏，1894 年生，湖南宜章人。邓中夏虽然成长在封建家庭，但被孙中山先生提出的三民主义、大同社会深深吸引。1915 年，21 岁的他离开家乡考入湖南高等师范学校，通过老师杨昌济，与毛泽东相识。因志同道合，他与毛泽东一时结为好友，经常探讨理想和国家未来。从五四期间走上革命道路，邓中夏一直站在争取民族独立、人民解放的伟大斗争前列，为中国革命作出了重要贡献。

1917 年，邓中夏考入北京大学中文系。1918 年以后，他在俄国十月革命影响和李大钊的启发教育下，开始接受马克思主义。1919 年，邓中夏发起组织北京大学平民教育讲演团，积极参加五四运动，任北京学生联合会总务干事，成为革命青年的代表人

"今天来叫你认一个人，这个人就是你的丈夫邓中夏，如果你说了实话，证明他就是邓中夏，那可以提前放你出去。"

"我没有见过这个人。"

邓中夏、李瑛夫妇在敌人的审判面前决口不肯泄露对方身份，"形同陌路"的法庭相会竟成为彼此的最后一面。

物。他曾南下上海,筹备成立全国学生联合会。1919年7月,邓中夏参加少年中国学会,并于1920年9月、10月先后任学会执行部副主任、主任,主持学会事务。后来在填写少年中国学会改组委员会调查表时,在"对于目前内忧外患交迫的中国究抱何种主义"一栏中,邓中夏这样写道:"久已抱定马克思共产主义。依历史的过程,认定现在中国应行国民革命。国民革命只是世界革命的一部分,故反对狭义的国家主义。"

1920年3月,邓中夏发起并参加北京大学马克思学说研究会。1920年10月,北京共产党早期组织——共产党小组,在北大红楼李大钊的办公室正式成立。年底,共产党小组召开会议,决定成立"共产党北京支部",由李大钊任书记,邓中夏成为最早的成员之一。

由于在五四运动中目睹了工人阶级表现出来的伟大力量,邓中夏等先进知识分子开始走到工人中办学校、建工会,宣传革命道理。对旧社会进行"武器的批判",需要"批判的武器"。为此,邓中夏来到长辛店建立劳动补习学校,

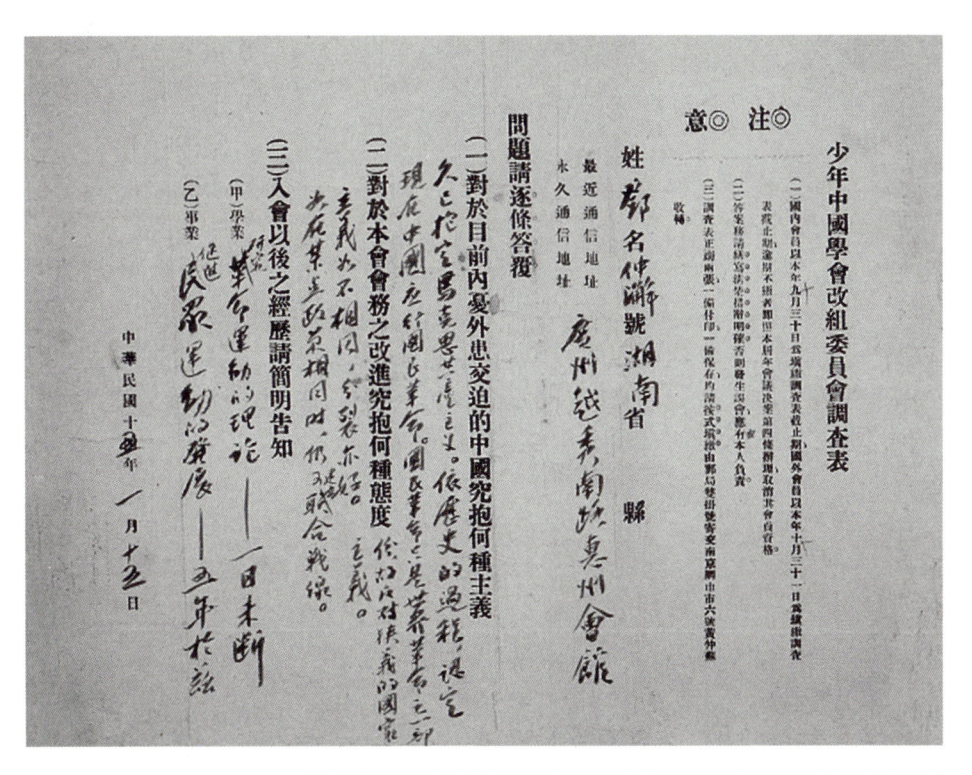

邓中夏填写的少年中国学会改组委员会调查表(1926年1月15日)

为学校起草简章、募捐、制定预算案，深入工人群众，仅仅十余天，长辛店劳动补习学校就建立起来，于1921年1月5日正式开学。

邓中夏教工人识字，按李大钊所说的，把"工人"两字叠在一起成为"天"。邓中夏对工人们说，"咱们工人连在一起，就是天。工人顶天立地，伟大得很，将来工人要坐天下"，形象地向工人讲解团结就是力量的浅显道理。

1922年8月，邓中夏、史文彬等领导了长辛店工人大罢工，罢工工人唱着邓中夏创作的歌谣，举行了盛大的游行示威活动。

如今世界太不平，重重压迫我劳工。
一生一世做牛马，思想起来好苦情。
北方吹来十月风，惊醒我们苦弟兄。
无产阶级快起来，拿起铁锤去进攻。
红旗一举千里明，铁锤一举山河动。
只要我们团结紧，冲破乌云满天红！

| 长辛店劳动补习学校旧址

1923年之后，邓中夏担任上海大学的教务长，负责主持学校的行政工作。他拟定的《上海大学章程》明确规定："本大学以养成建国人才，促进文化事业为宗旨。"《上海大学章程》的制定和公布，是上海大学办学史上的一个里程碑，它取代了原先的《上海大学暂行校则》，标志着上海大学的办学开始步入正规化。

邓中夏聘请蔡和森、瞿秋白、恽代英、张太雷、任弼时、李达、萧楚女、李立三等一大批共产党员到校任教，利用上海大学为党培养人才。为了推动学生独立思考，在他的倡导下，上海大学组织了许多学术性的团体，如"社会问题研究会""文艺研究会""春风文学会"等。

上海大学很快便在全国获得了声誉，吸引了各地有志青年报考，甚至有不少华侨青年也前来就读。邓中夏还在上海大学创办了一本叫作《中国青年》的杂志，积极引导青年们用马克思主义的基本理论来解决中国的实际问题。

在上海大学任职期间，邓中夏每月薪水八十元，在当时是不小的数目，但他的生活极为俭朴。当年的同事许德良回忆说："他不愿把钱花在自己身上，宁愿省下来帮助有困难的

《上海大学章程》
和上海大学丛书之一的《社会进化史》

革命年代的爱情

同志和穷苦的学生。刘剑华（即后来成为上海工运领袖的刘华烈士），那时在上海大学中学部念书，半工半读，收入微薄，在生活上必不可少的费用就是由中夏同志供给的。另有一个同学因罢工失业，他也是经常得到邓中夏同志的帮助。"

利用上海大学的有利条件，邓中夏积极创办主要招收工人的平民学校。在上海大学和学联的积极推动下，其他大学的进步学生也纷纷参与办学，杨树浦、小沙渡等多地的平民学校开始招生，教员全部由热心的学生担任，学费不收分文，课本和文具都由学校供给。1924年5月以后，邓中夏将主要精力用于领导工会运动。当年秋，他正式辞去了在上海大学的教职。

在中国共产党早期组织58名成员中，邓中夏和李启汉名列其中。他俩是老乡，是朋友，更是在工人运动中最亲密的战友和为革命捐躯的英烈。

震惊中外的五卅惨案爆发，为支援上海人民的反帝爱国斗争，邓中夏、李启汉参与领导省港大罢工，在1925年6月成立的中共省港罢工委员会分别担任党团书记和副书记。在省港工人罢工期间，邓中夏还主编了省港罢工委员会的机关报（特刊）《工人之路》。他为特刊拟定宣传方针和编辑计划，并审定重要稿件，使刊物办得文字通俗简洁、观点鲜明准确、议论生动形象、报道及时详细，成了省港罢工工人团结战斗的旗帜。

1926年初，李启汉回湖南老家，把母亲和给人做童养媳的妹妹李瑛接到广州，住在贤思街的"龚寓"。李启汉一家住在楼上，32岁的单身青年邓中夏住在楼下，经常去李家蹭饭。当时李瑛才17岁，邓中夏和李启汉一样叫她"妹妹"，一有时间就教她文化，给她讲革命道理。

在哥哥和邓中夏的影响下，

邓中夏和李瑛 冲破乌云满天红

邓中夏送给李瑛的纪念物——印花手巾

李瑛积极投身革命，和工人们一起读夜校，帮邓中夏送文件。在频繁的接触中，邓中夏爱上了这个好学上进、聪慧可人的女孩。李瑛也对一表人才、意志坚定的邓中夏倾慕不已。李启汉看在眼里，便给他们牵线，让相差15岁的两人走到一起。

1926年8月，在刘少奇、何宝珍夫妇的见证下，邓中夏和李瑛喜结连理。结婚那一天，亲友们来到"龚寓"向新人贺喜，但新郎和新娘却不见了。原来，邓中夏一早就把新婚妻子带到了黄花岗七十二烈士墓，意味深长地对她说："妹妹，要斗争就会有牺牲，不要忘记死去的先烈。"婚后，夫妻二人十分恩爱。李瑛和丈夫站到一起，积极投身到罢工斗争，并于这一年的11月光荣入党。

婚后不久，革命形势急转直下。李启汉英勇就义，邓中夏夫妇也因身份暴露被追捕。在逃亡过程中，怀孕的李瑛没能保住他们的第一个孩子。

八七会议后，根据中央的决定，邓中夏来到上海开展地下工作，宣传八七会议精神，开展武装斗争。1928年3月，邓中夏参加中国工会代表团，到莫斯科出席赤色职工国际第四次代表大会，并被选为赤色职工国际中央执行局委员。6月，邓中夏出席在莫斯科召开的中共第六次全国代表大会，任主席团成员和政治、军事、组织、职工运动、苏维埃运动等几个委员会

邓中夏在莫斯科填写的履历表

的委员。他起草的《苏维埃组织问题决议大纲》得到大会通过，他也在大会上当选为中共中央候补委员。

在莫斯科填写的一张表格上，邓中夏在职业一栏写下了"职业革命者"几个字。他以自己的实际行动，诠释了革命者这个光荣的名字，展示了共产党人以天下为己任，无私奉献的崇高品格和博大胸怀。

共产国际第六次代表大会以后，邓中夏与瞿秋白、张国清、余飞、王若飞、黄平、蔡和森等组成中共驻共产国际代表团。为了总结中国职工运动的经验，促进中国和国际工人运动的开展，从1929年初起，邓中夏开始撰写并在莫斯科出版《中国职工运动简史》一书。该书是反映中国工人运动的第一部历史著作。

1929年初，在中共中央安排下，李瑛带着4个月大的孩子秘密越过满洲里封锁线，进入苏联。2月8日，邓中夏到莫斯科火车站迎接她们，随后入住莫斯科高尔基大街陆克斯大厦的二楼。2月10日是中国的春节，邓中夏与李瑛和孩子在莫斯科的一个照相馆拍摄了这张唯一的全家照。照片背面是一行手写的俄文："只给勇敢的男人。"

在莫斯科期间，邓中夏与莫斯科中山大学校长米夫和王明的宗派集团进行了斗争，因而也遭到米夫、王明一伙的恼恨，不久便被调回国内。他于1930年8月回到党中央所在地上海，9月初又被派往湘鄂西革命根据地工作，任中共湘鄂西特委书记和红二军团红三军政委兼前敌委员会书记，在湘鄂西苏区度过了一年多的战斗生活。

1931年12月，受王明"左"倾教条主义和宗派主义打击，邓中夏被撤销了一切领导职务，在上海公平路小弄堂的肚皮间（指加的小阁楼）出租房住了下来。他没有任何收入，病倒了也无人照料。李瑛听到这个消息以后，要求和邓中夏住在一起，照顾他的生活。上级开始并不同意，因为李瑛从莫斯科回到上海后，一直在中共中央备用的最机密、最隐蔽的无线电台工作。

邓中夏一家的合影及照片背面题字

李瑛向组织申述："只要邓中夏还是共产党员,他就是我的丈夫,我要和他一起生活。"最终,她被从原单位调离,到浦东一家日本纱厂做工,每月挣7元钱。他们每月房租需3元,夫妻就靠着剩下的4元钱,一把米一锅粥地过日子。

与邓中夏结婚后,李瑛共有四次生育。第一次是大革命失败后生下一个男孩,三天后因躲避敌人搜捕而夭折。第二次也是一个男孩,出生后因工作无法照料,寄养到洪湖地区一农户家,在战乱中失联。第三个孩子夭折在苏联。第四个孩子在日本纱厂工作期间早产,忍痛送人抚养。

到来的危险,他早有心理准备,曾和李瑛约定:"如果有一天我没能回家,你就立刻搬家,只要我活着,我一定会找到你的。"

在一次营救廖承志的行动中,何宝珍引起了敌人的注意。1933年3月的一天,何宝珍发现楼下有形迹可疑之人,情知有变。她迅速把小儿子毛毛交给邻居大嫂嘱其照料,"过两天会有人来领的"。就在这时,敌人冲进来把她抓走了。

5月,由于叛徒告密,邓中夏不幸在法租界被捕。他以共产党员的坚定信念和钢铁意志,挺住了敌人金钱厚禄的利诱和严刑拷打的摧残。在邓中夏被捕的同时,李瑛也因叛徒告密而被捕。半年后,邓中夏探明妻子下

走向雨花台

1932年11月,邓中夏被任命为中国赤色互济总会主任兼党团书记,何宝珍化名王芬芳,担任互济总会援救部部长。邓中夏与何宝珍假扮夫妻,以教师的职业为掩护,恢复被敌人破坏了的赤色互济会组织,广泛开展营救被捕同志和救济其家属的工作。

由于工作需要,邓中夏经常出面组织革命活动。面对随时

1933年5月,
邓中夏(施义)在狱中的照片和指纹

落，于是在信中写道："为切合你的牢狱生活，我当托他们买暗色的布料做好送来。妹妹，你既然和朱姐住在一块，是学英文的极好机会，切不可放过。每天应常学习不可偷懒，我已把英文字典送来，这样学下去，等到你出来，一定可以把英文学好呢！我打算再替你选购一批书籍寄来，你要知道：牢狱是极好的研究室呀！每天读书，又可以消却寂寞烦恼！"

信中虽没有华丽的辞藻，没有浓情蜜意的表达，但邓中夏关切李瑛的心情已跃然纸上。经过多方周旋之下，化名"施义"的邓中夏只被判刑52天。但就在离出狱还有19天的时候，和他同时被捕的人叛变了，不仅供出了邓中夏的真实姓名，还把邓中夏和李瑛的夫妻关系交代给了敌人。

得知这一重要线索后，敌人决定把李瑛和邓中夏同时提审到法庭之上。7月26日，李瑛怀着矛盾的心情走进了法庭，在只有几步远的地方，根据敌人的要求仔细"辨认"邓中夏。法庭之上，夫妻却成了最熟悉的陌生人。相见而不相认，该是怎样的痛苦？这种痛苦只有他们自己知道，无论怎么炽烈，都只能忍下来，不相认是对对方的保护。更残酷的是，这竟是两人的最后一次见面。

9月初，邓中夏被押送进了南京国民党宪兵司令部拘留所甲所第十一号牢房。这个牢房内基本是共产党员，难友们询问邓中夏将抱着怎样的政治态度，他激动地说："同志们问得好！大家应当关心我的政治态度。告诉同志们，我邓中夏化成灰，也是共产党人！"自知时日无多，邓中夏拖着虚弱的身子，在墙上写下十个字"但看十年后，红花遍地开"，用乐观和信心慰勉着狱中的每一个人。

1933年9月21日，邓中夏在雨花台英勇就义，年仅39岁。临就义前的两天，他在给党组织的最后一封信中这样写道："同志们，我快要到雨花台去了，你们继续努力奋斗吧！最后的胜利终是属于我们的！"

从1917年的北京大学走到1933年的南京雨花台，从青年学生变为革命战士，邓中夏从不后悔自己的选择，虽然没有看到人民的胜利，但他深知胜利终将属于人民。邓中夏牺牲后的第二年秋，敌人侦知在押的王芬芳是刘少奇夫人何宝珍，便对她严刑逼供。1934年初冬，在邓中夏就义的同一地点，何宝珍壮烈牺牲，年仅32岁。

正是因为邓中夏坚定否认两人的

关系，才得以让妻子李瑛在1936年被释放。为了更好地工作，同时也是悼念邓中夏，李瑛把名字改为"李夏明"，寓意是为了邓中夏的明天。

新中国成立后，李夏明尽己所能地完成革命任务，在工作之余一直寻找当时被送人的两个孩子。但是经过那个战乱的年代，想要找到年幼的孩子，无疑是太困难了。

1987年，李夏明带着无尽的遗憾离开人世，享年78岁。

| 李瑛在日记中抄录的邓中夏写的诗句

"妹妹，要斗争就会有牺牲，不要忘记死去的先烈。"

赵世炎
和
夏之栩
千树桃花凝赤血

赵世炎一进家门,便立即被捕,离开之前,他深深地望了一眼自己的爱妻和岳母,隔着若干特务的这次无言对望,成了这对夫妻俩此生的最后一眼、最后一面。

「黄昏之贼」

1962年，革命老人吴玉章怀念起一位优秀学生短暂而灿烂的一生，赋诗缅怀："龙华授首见丹心，浩气如虹铄古今。千树桃花凝赤血，工人万代仰施英。"

诗中的施英就是赵世炎，字琴生，号国富，曾用名施英，1901年出生于四川酉阳（今属重庆）龙潭镇一个地主兼商人家庭。赵世炎的父亲感受到那个时代的世态炎凉，希望他的小儿子能够像一团火一样去照亮这个世界，故给他取名"世炎"。

1915年8月，赵世炎投奔在北京的二哥，进入北京高等师范学校附中学习。在这里，他不仅接触到了《新青年》，还遇到了对他一生影响最大的人——李大钊。他后来曾对留法同学黄仲苏说："李先生可算是我的

1924年秋天的一撞，让赵世炎、夏之栩与青涩的心动拥了满怀，革命者的爱情故事，少了风花雪月，紧系家国情怀，在烽烟四起的年代里用热血浇灌革命的玫瑰。"我在漫天星空下呼唤你，代你看一遍这盛世繁华"，2021年中央电视台七夕晚会的节目《对话·红色追思》将赵世炎、夏之栩这对革命夫妻的感人故事搬上舞台，再现血与火中的刻骨铭心。

导师，也是我的引路人，我来巴黎参加勤工俭学运动完全是由于他的鼓励和赞助。他要我把劳动和学习打成一片；把法国工人当教师，向他们学习语言、技术和工艺，也研究他们的世界观、对生活的态度，理解他们的思想感情。通过同志的关系，在共同劳动中进一步学习马克思主义……我每月都要和他通信，向他报告学习情况。李先生回信往往在我的原信上眉批和夹注，另外也给些指示，他对我既是体贴又是细致……"

黄仲苏回忆两人初相见的情景："他年纪最轻，体格健壮，身材并不高大，阔肩挺胸，粗臂大手，一头浓厚的黑发，两目炯炯发光，鼻大而短，尖端微微向上翘起，一张大嘴时时带笑，露出两排雪白的牙齿。他精力充沛，神态安定，给人一种愉快的印象，好像具有吸引力，使人一见对他就产生好感，愿意和他接近。"

五四运动爆发后，赵世炎被推选为学生会干事，组织和领导同学示威游行，宣传反帝反封建思想。他沉着冷静，思维敏捷，充分展现了强大的组织和领导才能。参加五四运动的许德珩评价说："十三校代表中，有两个聪明人，赵世炎、瞿秋白。赵世炎出主意很多，出力很多，他在五四运动中的成绩，不可磨灭。"

中学毕业后，赵世炎参加了李大钊组织的少年中国学会，并编辑出版《少年》半月刊。他还在附中办起了校工补习班，帮助工人学习文化。妹妹赵君陶也受他引导，义无反顾地选择反帝反封建的革命事业。

这期间，赵世炎遇到了他生命中的另一个贵人——吴玉章。1919年秋，赵世炎进入吴玉章在北京主办的"法文专修馆"，当选为学生会主席。经历五四运动的洗礼，和当时的许多热血青年一样，赵世炎也想去看看外面的世界。1920年5月9日，他与其他100多名留学生一起乘坐法国邮轮

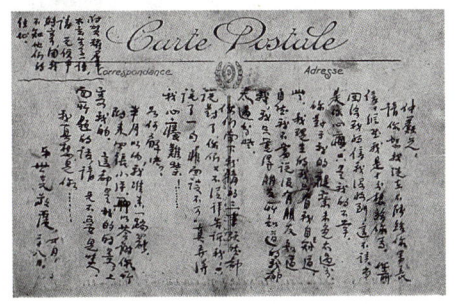

赵世炎留法期间写给黄仲苏的明信片

1920年5月，
赵世炎赴法勤工俭学前在上海留影

"阿芒贝尼克"号赴法。

在法国勤工俭学时，同学们赚到的钱很少，但赵世炎一直保持着乐观、热情和幽默。留法同学傅钟回忆："他有时从外面买一个大面包背着回来。有一次他说：'应该设法搞一点又好吃，又能吃饱的饭菜。'以后他提出在面包里夹上两块方糖，以后又提出吃面包夹法国面酱。"

赵世炎擅长演讲和作报告，别人都以为这是天生的，其实刚开始的时候他也紧张，也要默默地练习。有一次他白天作了一个报告，有人反映效果不太好，他便在晚上不停地修改练习，甚至连讲梦话都是在作报告。第二天同屋的人对他说："你晚上作的报告比白天的还好。"

勤工俭学的生活很艰苦，赵世炎进入巴黎西郊工业区的一家铁厂干勤杂活，下班以后才有空看书学习。黄昏的时候，屋里的光线就变弱了，为了能阅读更多的内容，赵世炎就会跑到楼顶，借着黄昏的余光继续读书，也正因如此，赵世炎笑称自己是"黄昏之贼"。

1922年6月，赵世炎和周恩来等在巴黎发起成立旅欧中国少年共产党，赵世炎任书记。为了加强革命宣传工作，他负责编辑出版了《少年》月刊及《内部通讯》。

1923年3月，赵世炎和陈延年、

1922年4月28日，
赵世炎手书"黄昏之贼"的明信片

悄然绽放的爱情之花

王若飞等一批青年离开巴黎到莫斯科东方劳动者共产主义大学学习。在莫斯科期间，他抓紧一切机会，学习马克思主义基本理论和十月革命的经验，并将研究的成果写成文章寄回国内。

1924年6月中旬，赵世炎列席了共产国际第五次代表大会。根据李大钊的提议，中共中央决定让赵世炎回国，担任第一任中共北京地委书记。在担任北京地委书记、北方区执行委员会宣传部部长期间，赵世炎努力协助李大钊做好革命工作，为促进第一次国共合作的实现和北方党组织建设、工人运动的蓬勃发展作出了不可磨灭的贡献。"奋斗"二字是他一生的座右铭，他常说："不奋斗，何以为人也。"

当时，大家聚会后经常被特务跟随，赵世炎总说："我先走，把泥巴带走，免得麻烦你们。"所谓"泥巴"，是大家给暗探取的绰号。"泥巴"有时很难缠，有一次，赵世炎怎么都甩不掉。正在着急之时，一个打扮得和自己差不多的青年迎面走来，靠近他悄悄说："躲进那边饭馆，我来对付。"这时，赵世炎才发现，这位女扮男装的人是夏之栩。

赵世炎一直非常好奇，问夏之栩怎么知道他被特务跟踪，夏之栩笑而不答。他当然不知道，他的身边，她总是会多留心些。爱情之花在这对年轻人之间悄悄地绽放。不过赵世炎诚恳地告诉夏之栩，早在他幼年时，父母做主给他定了一门亲事，但他托自己的姐姐赵世兰婉言拒绝了家里安排的女子。同时，他也反对家里给姐姐赵世兰定的婚姻，认为只有倡导婚恋自主、寻求意志上的统一，双方才能获得幸福。

夏之栩是浙江人，出生于1906年。1918年，湖北省立女子师范学校招生，她的母亲夏娘娘主动送女儿前去报考。在共产党人陈潭秋等人的影响下，夏之栩走上了革命道路。1922年参加中国社会主义青年团，1923年转入中国共产党。夏娘娘也在共产党的教育和影响下，从1922年起在中共武汉市委等机关担任掩护工作。

1924年，夏之栩的革命活动引起了反动当局的注意，党组织便把她安排到了北京，因为工作关系，她时常出入北京各大中学，和赵世兰、赵君陶相交甚密，并常常出入于赵家。然

夏之栩

而她没有想到的是，自己的姻缘就在某次离开赵家的过程中悄然降临了。

1924年的一个秋日，来到赵家做客的夏之栩告别赵家姐妹，刚刚走出赵家大门就与一个步履匆忙的年轻男子撞了个满怀，这便是她与赵世炎的初相遇。

其后不久，夏之栩便从赵家姐妹的口中得知了那天与自己相撞的男子正是革命家李大钊口中那个朝气蓬勃、颇具头脑和思想的革命骨干赵世炎，而且赵世炎正是赵家姐妹的同胞兄弟。

1925年，夏之栩被调到北方区委妇委会工作，同时还是共青团北方区委委员。和其他一些刚到机关工作的同志一样，夏之栩的革命热情很高，但工作能力还需锻炼。组织上尽可能地为青年干部举办了一些小型训练班，邀请赵世炎、陈乔年等人授课。

赵世炎风趣生动的讲课和犀利透彻的文章给她留下了极其深刻的印象，他从法国和苏联学习回来，知道的东西很多，口才又好，讲起课来通俗易懂、生动风趣。或许是出于仰慕，或许是情窦初开，总之，借着革命工作的机会，夏之栩与赵世炎在1925年初正式相识了，口才和文笔俱佳的赵世炎是培训讲台上风趣儒雅的老师，夏之栩就是愿被指教、心生倾慕的革命学生，两人真挚且纯粹的感情在工作和教学的过程中潜滋暗长，最终随着时间的流逝而积淀深厚起来。

日益相处产生的好感和共同的革命理想与信念让两位青年人越走越近。1925年冬，赵世炎与夏之栩在同志们的见证下结为革命伴侣。一年后，他们的大儿子平安降生。赵世炎一如既往地为革命事业终日不停地忙碌着，夏之栩从容淡定地照顾着家庭，这位贤内助同时也成了赵世炎最得心应手的文案秘书，他们共同期盼着革命胜利那一天的到来。1927年初，夏之栩怀上了第二个孩子，夫妻二人为家庭新生命的诞生做着准备工作。可当时上海革命正是需要赵世炎的时候，在夏之栩的全力支持和包容下，赵世炎前往上海组织工作。

信仰之火永不灭

在上海工作期间，赵世炎担任中共江浙区委组织部部长、上海总工会党团书记，并兼任江浙区委军委书记。他化名施英，深入工人群众中了解情况，组织工人开展罢工斗争。仅1926年6月，就组织上海工人进行了107次罢工。在上海工人第三次武装起义中，他作为副总指挥，和总指挥周恩来密切配合，开展了卓有成效的组织领导工作。

四一二反革命政变发生后，整个上海处在腥风血雨之中。中共中央决定撤销江浙区委，分别成立中共江苏省委和中共浙江省委。1927年6月上旬，陈延年被任命为中共江苏省委首任书记。6月26日，中共江苏省委在省委办事机关召开会议，因叛徒出卖，当日下午陈延年被捕，几天后血染刑场，英勇就义于上海龙华，年仅29岁。

1927年6月28日，赵世炎临危受命，代理陈延年的江苏省委书记一职，继续领导上海地区的革命斗争。"共产党就是战斗的党，没有战斗就没有了党，党存在一天就必须战斗一天，不愿意参加斗争，还算什么共产党！"赵世炎这种大无畏精神鼓舞着其他革命同志继续前行。

然而仅仅4天之后，赵世炎就因叛徒的出卖而被捕。1927年7月2日傍晚，大雨滂沱。根据叛徒韩步先的供词，敌人找到了赵世炎的住处——虹口北四川路志安坊109号。赵世炎的岳母夏娘娘，透过玻璃窗隐约看到巷口赵世炎的身影，乘敌人不备，立刻把花盆从楼上推了下去。窗台上的花盆是约定的"警号"，这也是赵世炎脱身的最后机会。然而雨实在太大了，连花盆落地的声音都被掩盖了。赵世炎一进家门，便立即被捕，离开之前，他深深地望了一眼自己的爱妻和岳母，这次隔着若干特务的无言对望，成了这对夫妻俩此生的最后一眼、最后一面。

受尽严刑拷打，赵世炎始终坚贞不屈，把敌人的监狱和法庭当成讲坛："志士不辞牺牲，革命种子已经布满大江南北，一定会茁壮成长起来，共产党最后必将取得胜利。"

监狱之外，无数人正在为营救赵世炎努力。淞沪警备司令杨虎为避免夜长梦多，决定尽快处决赵世炎。1927年7月19日，在上海枫林桥，杨虎对赵世炎采取了和处决陈延年同样残忍的方式——刀砍。行刑时，赵世炎高高跃起，高喊"共产党万岁"，第一刀砍在了他的腰上，刽子手慌乱不已，扑上去连砍几刀，烈士的头颅被砍下。就这样，在短短半个月的时间里，赵世炎和前任江苏省委书记陈延年，不仅在同一岗位被捕，还在同一个地方以同样的方式壮烈牺牲。

赵世炎牺牲后，中共中央机关刊物《布尔塞维克》发表了题为《悼赵世炎陈延年及其他死于国民党刽子手的同志》的文章："赵世炎、陈延年二同志之死是中国革命最大的损失之一"，"赵世炎是上海无产阶级真实的领袖，是上海总工会和纠察队的灵魂"。赵世炎的生命虽然短暂，但他为党的早期组织的发展壮大、为传播马克思主义革命理论、领导工人运动和革命武装斗争作出的杰出贡献将永载史册，他的崇高精神与革命风范亦值得后人永续传扬。

丈夫虽然永远地离开了，但她知道他的信仰还在。赵世炎牺牲后的次年2月，夏之栩生下他的第二个孩子。周恩来给这个孩子起名赵施格——希望这孩子继承父亲施英的品格。为保护革命烈士的后代，党组织决定让母子三人前往莫斯科。长子赵令超在缺医少药的战争年代因患感冒转成肺炎而夭折。次子赵施格在苏联大学毕业后回国参加新中国的建设事业，从来没有见过父亲的他总是在想："如果1927年7月2日的雨没有那么大，父亲是否就能看到我的出生了？"

1997年夏，上海龙华烈士纪念馆正式开馆，这里是原国民党淞沪警备司令部的旧址，有近1800位烈士曾将热血抛洒在此，赵世炎就是其中一位。此处是夏之栩一生的心结之所在，亡夫的英灵长眠于此，祖国的山河依旧，这对已经阴阳两隔的伉俪相同的革命信仰始终未变。

> "志士不辞牺牲，革命种子已经布满大江南北，一定会茁壮成长起来，共产党最后必将取得胜利。"

后记

翻开历史的画卷，我们看到的总是革命者的伟大和光荣，却容易忽略了他们对于爱情的选择和牺牲。革命者的爱情，没有闪耀的物质陪衬，也没有今日这般喧嚣，他们对于爱情的表达或许过于简单，但是纯粹、朴素、坚定。正如李大钊曾说过的，"两性相爱，是人生最重要的部分。应该保持他的自由、神圣、纯洁、崇高。不可强制他、侮辱他、污蔑他、屈抑他，使他在人间社会丧失了优美的价值"。

由于在博物馆工作的关系，我们经常能接触到一些十分珍贵的革命文物。沉浸在这些文物背后的故事里，或为之感动，或扼腕长叹。革命者的爱情很少有风花雪月，更多的是对家庭和信仰所作出的牺牲与选择。也正因如此，他们才能迎接更猛烈的暴风雨，并在风雨飘摇中坚守住那一份忠贞和浪漫。

在感叹革命者的爱情故事荡气回肠之余，我们也萌发了一个别具一格的想法，那就是通过讲述文物背后的故事，来还原革命年代爱情的样子。毕竟，文物具有的真实感和原始感染力，是任何教科书、艺术作品所不具备的。

最后，我们由衷地感谢广西人民出版社对本书的大力支持，尤其是出版社编辑对我们的必要鼓励和有效敦促，虽然这份谢意不是用语言可以表达的。希望经过我们的共同努力，能够帮助读者重新拾起记忆的碎片，让革命年代那一个个模糊的青春模样，在我们的视野中慢慢重现，逐渐变得清晰起来。